U0924674

易中天中华史

The History of China / 09

两汉两罗马

易中天 著

浙江文艺出版社
Zhejiang Literature & Art Publishing House

果麦文化 出品

目录

Contents

第四章 / **信仰**

第五章 / **理念**

后记 / **为什么是罗马**

第一章
世界

历史记忆中的亚历山大永远富有魅力：
笔挺的身材，白皙的皮肤，
零乱的金发，光洁的下巴，
盯着世界的眼睛充满好奇和天真。

罗马人来了

东汉桓帝延熹九年（166），也就是曹操十一岁那年，有一个外国使团来到洛阳。他们带来了象牙、犀牛角和龟甲，以表示对一个陌生帝国的崇高敬意。[1]

没人知道他们一行走了多久，但一定很不容易。因为这个国家远在天边，被当时的中国人称为海西国，也叫犁靬（读如荐），载入东汉官方史册的名称是“大秦”。

大秦就是罗马。

派遣使团的“大秦王安敦”，则很有可能就是罗马皇帝马可·奥里略·安敦尼。

这是两个伟大文明的第一次亲密接触，之前则是失之交臂。东汉和帝永元九年（97），外交官甘英受定远侯班超派遣出使罗马，走到今天的伊朗境内却被劝阻在波斯湾海岸。当地人告诉他们，通过地中海需要准备三年的粮食，而且在海上是会想家，也会死人的。

甘英等人只好作罢。[2]

好在六十九年后，罗马人自己来了。

现在已经无法确知，那些罗马人为什么要来中国。就连他们是否当真为罗马皇帝所派，也只能存而不论。也许他们并非使团，而是商队。目的，则自然是丝绸。

中国的丝绸很早就传到了罗马，成为罗马元老院议员和贵妇人钟爱的服装面料。罗马人甚至因此而把中国称为Seres，这个拉丁语词汇的意思就是丝绸。[3]

运到罗马的丝绸经过了长途跋涉，先是经河西走廊到达现在的新疆，然后走南道沿昆仑山北麓前进，走北道则沿天山南麓西行。两条路最后都要过葱岭（帕米尔高原），起点都是长安，也都通往大秦。

而且，它们有一个美丽的名字：丝绸之路。

丝绸之路的开通缘于汉武帝的战略构想，他要联合匈奴的宿敌对付匈奴。联盟的对象，首先是被匈奴打败的月氏（读法有争议，可读如越支或肉支）。这些人被驱逐出境，早已不知去向，因此第一步便是要找到他们。

于是，一位了不起的探险家出发了。

他的名字叫张骞。

张骞通西域从来就是佳话，他的旅行却十分艰险。戈壁滩飞沙走石热浪滚滚，帕米尔冰雪皑皑寒风刺骨，匈奴的骑兵则在那片辽阔的土地上纵横驰骋，张骞一行随时随地都会一头撞上。

实际上，他们在匆匆穿过河西走廊时，便毫无悬念地被俘虏，并被带到位于今内蒙古呼和浩特附近的匈奴王庭。军臣单于理直气壮地对张骞说：月氏在我北边，汉人怎么能去？如果我要去越国，大汉会同意吗？[4]

当然不会同意，张骞也只好滞留匈奴十年。

更让张骞沮丧的是，后来他虽然逃了出来，并在大宛人和康居人的帮助下，在阿姆河流域找到了月氏，月氏却早已没有了向匈奴复仇的念头。他们非常满足地在那里安居乐业，并庆幸自己因祸得福。

张骞只能回国。

再次被俘又死里逃生的张骞虽然没能结成联盟，却带回了足够多的世界知识和异国情调。通过他向汉武帝提交的考察报告，中国人第一次睁开眼睛看世界，并领略到西域各国之外诸多民族的万种风情。

这是一些闻所未闻的人群。他们有的是游牧民族，比如乌孙、康居、奄蔡、月氏，叫“行国”。有的是农业或商业民族，比如大宛、安息、条支、大夏，叫“土著”。[5]

但，无论土著或行国，距离大汉都很遥远。安息相当于今天的伊朗，条支相当于叙利亚。其余，则乌孙在今吉尔吉斯斯坦伊塞克湖东南伊什提克一带，康居在今哈萨克斯坦巴尔喀什湖和咸海之间，奄蔡在咸海和里海北部草原，大宛在今乌兹别克斯坦费尔干纳盆地，大夏在中亚阿姆河以南、兴都库什山以北，希腊人称之为巴克特里亚。

至于月氏，则可能在阿富汗北部。

此外还有身毒和黎軒。身毒又叫天竺，其实就是印度。黎軒又叫犁轩，就是大秦，也就是罗马。不过，对这两个国家，

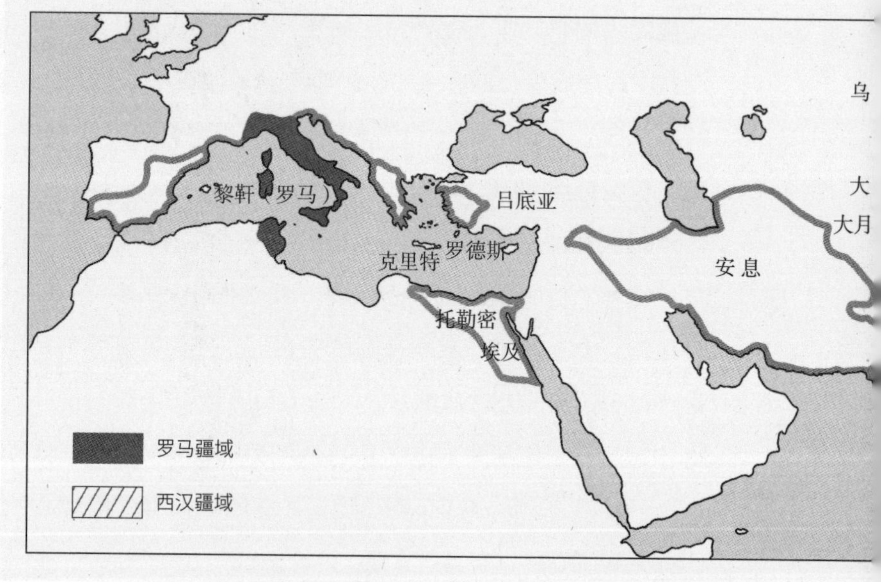

张骞也只是有所耳闻。

然而这足以让汉武帝心驰神往。尤其是大宛的葡萄酒和汗血马，更是极具诱惑。商队跟随着军队出发了，只不过商队持续的时间更长，带来的利润也更丰厚。

丰厚的利润让丝绸之路的驼铃一路传响，坐享其成的则是沿途各国，其中就包括帕提亚。帕提亚就是安息，只不过中国人管他们叫安息，西方人叫帕提亚。

安息是在公元前 247 年建国的，然后在公元 226 年亡于伊朗萨珊王朝。甘英到达安息之日，正是帕提亚人春风得意

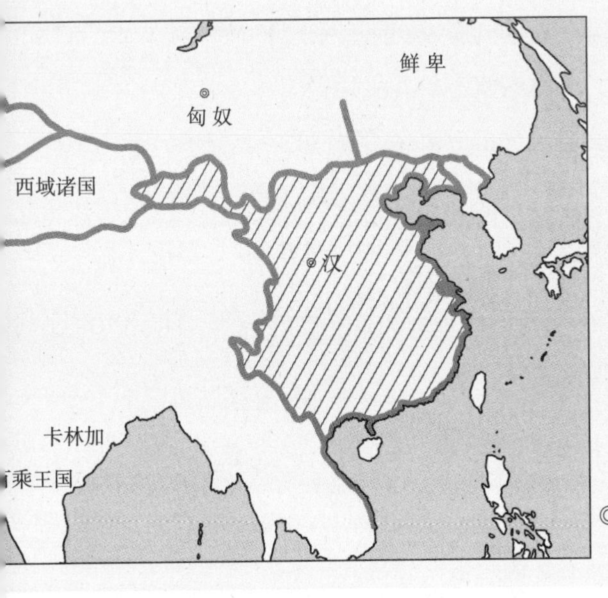

◎汉武帝时代欧亚大陆形势（前 141—前 87）

之时。他们编出故事来吓退东汉使臣，无非是不想失去中间商的好处。显然，这些帕提亚人更愿意从中国商人那里买下货物，然后转手到地中海地区。

于是，从公元前 126 年张骞向汉武帝提起黎轩，到公元 166 年罗马使团来华，两大文明的交流在将近三个世纪之内，都只能通过其他国家和民族来缓慢地进行。尽管在帕提亚的市场上，中国商人已经跟罗马商人讨价还价，也为他们使用银币和在皮革上写字感到惊讶。

这丝毫也不妨碍中华和罗马各自独立地生长，并成为超级大帝国和世界性文明。事实上，在使团访华的前半个世纪，罗马的版图就已达到顶点：东起幼发拉底河，西迄不列颠岛，北越多瑙河，南至北非，堪称盛极一时。

有趣的是，派遣使团的罗马皇帝和接见他们的中国皇帝，也是两个标志性人物。马可·奥里略·安敦尼标志着罗马帝国的盛极而衰，汉桓帝则意味着东汉帝国的行将就木，正如罗马共和国与西汉王朝的终结，罗马帝国和东汉王朝的开始，都几乎同时。

历史的种种巧合不能不让我们产生诸多遐想，并把我们的目光引向广阔的世界舞台。因为只有在那里，才能真正看清这两大帝国和两大文明。

亚述：壮丽的错误

张骞第一次出使西域并滞留匈奴期间，也就是公元前130年前后，罗马已经拥有了九个本土以外的统治区：西西里、萨丁尼亚及科西嘉、山南高卢、西班牙、阿非利加、伊利里亚、马其顿、阿卡亚、亚细亚。在拉丁语中，它们被称为provincia，中文译为行省。

但，罗马不是一天建成的，行省也不是罗马人的发明，波斯帝国就有，叫萨特拉皮亚。也许，正是这种制度，使居鲁士建立的波斯帝国比亚述更为稳定和持久。

亚述，是人类历史上的“第一帝国”。

第一帝国亚述的建立经过了漫长的复兴之旅。之前是古亚述和中亚述，成为新亚述（亚述帝国）则在我们的东周和春秋时期。也就是说，当周人和周文明开始走下坡路的时候，亚述人却勃然崛起，并迅速成为西亚的霸主。

亚述人是闪米特人（又译塞姆人）。他们有着长长的鼻子，卷长发，穿长袍，戴高帽子。最明显的特征，是脸上成形的胡须。这种胡须在他们的神像上也有，比如萨尔贡二世王宫门前那头五条腿的公牛。

这就跟之前的苏美尔人和赫梯人大不一样。苏美尔人剃光头，穿羊毛紧身衣。赫梯人身材矮小，长鹰钩鼻，男人都梳长辫子，戴耳环。后者克敌制胜的法宝是他们的战车。赫梯人的车上有三个武士，一个驾车，一个持矛，一个持盾，跟中国春秋时期的情况十分相似。

然而亚述人更加英勇善战。跟商鞅变法后的秦国人一样，亚述人既是强壮的农民，又是勇猛的战士，割下敌人的脑袋就像收割庄稼。这些脑袋往往成为炫耀武力的最佳象征，一位亚述国王甚至用来装饰首都的大门。

亚述的宗教和神祇似乎也鼓励或默许武装侵略，占领他国被认为是神圣的使命。在阿舒尔神的指引下，亚述军队以令人胆寒的速度狂飙突进。即便没有路，他们也会像瞪羚一样登上一座又一座山峰。

靠着这种对战争的狂热，在大约一百零五年间，亚述灭掉了许多文明古国，包括叙利亚的大马士革王朝、以色列的耶户王朝、犹太的埃哈兹王朝、腓尼基的西顿王朝、埃及的

◎埃及浮雕上的赫梯战车

◎萨尔贡二世宫殿浮雕上的亚述战士

◎人面双翼公牛

集人头、狮身、牛蹄于一身，身长三到四米，高五米，头戴华美高冠，胸前垂挂长须，两侧各有一翼，五腿直立。

努比亚王朝（埃塞俄比亚王朝）、巴比伦的第四王朝、埃兰的乌曼·哈尔达什王朝，从而第一次把西亚和北非的人民兼并在同一个强大的帝国里。

可惜，也跟秦一样，亚述人善于打天下，不善于治天下。他们维持帝国统治的手段除了暴力，就是高压。亚述国王每征服一个地方，往往实行三光政策。如果要带走战败国的人民做奴隶，则会先弄瞎他们的眼睛。

不得人心的暴虐引起了更强烈的反抗，复仇的火焰从成堆的尸体中向上升腾。在无法赶尽杀绝的情况下，为了分化瓦解反抗的力量，帝国实行了强制性移民的政策。比方说，将撒马利亚的以色列人迁到亚述，再把巴比伦、库萨尔、阿瓦、哈马斯和西徐亚的人民迁到撒马利亚。

移民是大规模的。比如公元前713年的豪尔萨巴德城中，便聚集了四百万不同战败国的人民。他们分到小块耕地，可以拥有自己的家室。但，一旦土地被出售或赐予，这些人也得全家归属于新的主人。

亚述的统治者显然认为这一政策是神来之笔。在他们看来，来自不同地区、民族也不同的移民背井离乡，素不相识，举目无亲，又岂能结成反抗联盟？这些无助的人只能听命于帝国，并从最高权力那里获得生存的希望。

除了将被占领区的人民混编起来居住，帝国还把其中的壮劳力和能工巧匠抽调到建筑工地。亚述的建筑无疑是壮丽而辉煌的，比如豪尔萨巴德。按照规划，这座方形要塞边长两公里，王宫则建在被干砖抬高的平台上，每个入口都用琉璃瓦装饰，并由巨大的石像来守卫。

豪尔萨巴德是萨尔贡二世新建的都城，又叫都尔沙鲁金，意思是萨尔贡之城。然而它从公元前 717 年开始动工，直到公元前 705 年也没有完全建成。这一年，萨尔贡二世在远征伊朗的途中被杀，豪尔萨巴德也被视为不祥之地。它很快就被人们抛弃，变成一片废墟，并被历史学家称为“萨尔贡的壮丽错误”。

其实亚述帝国又何尝不是壮丽的错误？公元前639 年，亚述巴尼拔攻陷埃兰首都苏撒，亚述的版图达到空前绝后：东临伊朗高原，西抵地中海岸，北达高加索，南接尼罗河，成为世界古代史上前所未有的大帝国。

与此同时，亚述巴尼拔也成为当时世界上最大的图书馆馆长。根据他的命令，各地重要的图书和文献（它们被刻在泥板上）被络绎不绝地运往首都尼尼微，且被井井有条地加以管理。图书的内容涉及数学、天文学（含占星术）、地理学、生物学、医学和化学，有的还经过了亚述巴尼拔的亲自修订，有的则被注明是他收集来的。

这，莫非就是他们的文治武功？

可惜，这位博学多才的“万王之王”并没想到，此时的

◎豪尔萨巴德的萨尔贡宫殿复原图

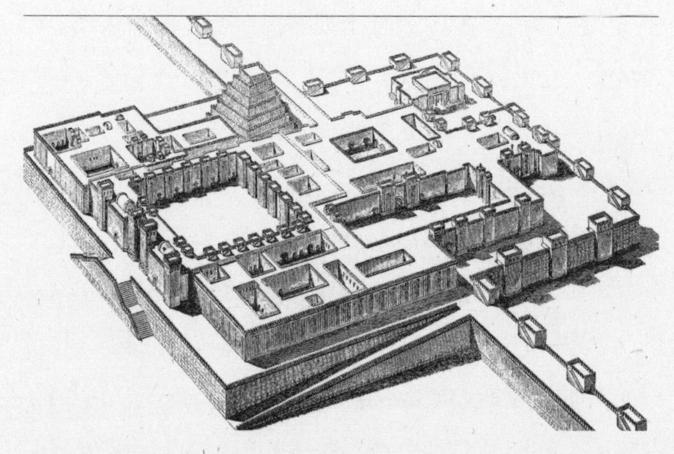

据约翰·亨利·莱特《古代各国历史：寰宇历史图书馆》。

帝国其实已危机四伏，就连统治者内部也矛盾重重。这种矛盾甚至曾经导致多次宫廷政变，连年的征战则耗尽了帝国的力量。更重要的是，没有人能够长期忍受他们的暴政，哪怕国王陛下才高八斗、学富五车。

崩溃来得迅猛异常，而且彻底。公元前612年，迦勒底和米底王国的联军攻破尼尼微，亚述国王萨拉克（辛沙里施昆）不愿成为阶下囚，一把火焚烧了王宫，自己则投身火海，跟中国的殷纣王一模一样。

七年后，亚述帝国从历史上永远消失。只有亚述巴尼拔的图书馆，在一千八百四十九年以后重见天日。

亚述帝国的灭亡让西亚人民额手称庆，巴比伦则在迦勒底人的手中得到复兴。这座城市历来被认为是众神居住的圣地，却一次又一次地遭到亚述人的蹂躏。萨尔贡二世的继承人甚至放火烧毁了它，并把灰烬当作纪念品存放在自己的亚述尔神庙中，也赐给那些效忠他的居民。

如此倒行逆施当然不得人心，亚述帝国的灭亡也被认为是罪有应得。然而重建巴比伦城的迦勒底人似乎也没有得到足够的拥戴。新巴比伦国王尼布甲尼撒继位六十七年后，巴比伦打开城门迎来了一位新的君主。他是带着征服世界的野心来的，并将创立一个更大的帝国。

这个人，就是波斯皇帝居鲁士。

波斯：仁慈的征服

居鲁士是在公元前538年进入巴比伦的。

这一年，中国的孔子十三岁。

孔夫子当然不会知道波斯，对南征北战也没兴趣，因此绝对想不到居鲁士在巴比伦享受的待遇：铜铸的伊斯塔尔大门向他洞开，他的身上披着从华丽浮雕上反射过来的阳光，脚下则堆满了欢迎群众献出的花环。

没错，居鲁士是以解放者的身份，而非作为侵略者或征服者来到新巴比伦王国的。

没有比这更体面的胜利了。

居鲁士也当之无愧，因为他的作风和政策与亚述人截然相反。他并不对战败者赶尽杀绝，被俘的米底国王获得了一条生路，吕底亚国王则被聘为随身顾问。

这是一种“仁慈的征服”。

征服了巴比伦以后，居鲁士同样表现出他的宽容和大度，以及对被征服者信仰和习俗的尊重。他每天都要到马尔杜克神庙行祭，并让原来的官员们继续各司其职，就像在米底和吕底亚。这就不但赢得了祭司和官员的支持，也保证了国家机器一如既往地正常运行。

居鲁士是高明的。

而且，即便按照孔夫子的观点，这样一种既不滥用权力更不滥杀无辜的政治，也应该算作仁政。

仁政的受惠者之一是犹太人。半个世纪前，弱小而独立的耶路撒冷被新巴比伦国王尼布甲尼撒摧毁，成千上万的犹太人随着他们被刺瞎双眼的国王，被戴上镣铐押往巴比伦为奴，史称“巴比伦之囚”。

波斯人却解放了他们。第二年，居鲁士发布命令，允许这些巴比伦的囚徒回到故乡，并把巴比伦人掠夺来的金银财宝还给他们，以便他们重建祭祀中心。这真是功德无量，以至于犹太人把居鲁士称为“波斯的弥赛亚”。

居鲁士的善举让他威名远扬，他的仁政则让帝国日趋稳定并发展壮大。没有证据证明居鲁士这样做，是汲取了亚述帝国灭亡的教训。但可以肯定，波斯帝国收获的不再是此起彼伏的反抗，而是地方对中央的支持。

继承了这条政治路线的，是大流士。

如果不算篡位的高墨塔，大流士是波斯帝国的第三任皇帝。在他的治下，帝国被分成二三十个行省（请参看本中华史第八卷《汉武的帝国》）。行省的拉丁语 provincia 原本就有委托的意思。因此，按照罗马人的理解，把一个地方委托给高级主管去治理，这个地方就是行省。

波斯的行省也大体如此，被委托治理的高级主管则是总督。行省总督原则上由波斯贵族担任，下级行政单位则交给当地人，比如爱奥尼亚由希腊人管理，耶路撒冷归犹太人自治。从居鲁士到大流士，皇帝的态度历来就是：地方行政和人民生活，能少管就少管，能不管就不管。

要管的只有两件事：法律和税收。

法律在波斯帝国的政治生活中极为重要。正是靠着法律，大流士保证了政令的统一。做到这一点并不容易。因为生活在帝国广袤大地上的，是许多不同的民族，有着不同的语言文字、生活习惯和宗教信仰。

一统天下，唯有法。

的确，治理如此庞大的帝国，法律比武力成本更低而效率更高。而且，正如他们尽量使用本地官员，波斯皇帝也尽量维持当地法律不变。居鲁士和大流士都不喜欢朝令夕改，因为法律的不变才意味着帝国的永恒。

如此，也才能无为而治，并长治久安。

事实上大流士最为得意的事情，就是一生都在充当法律的保护人。他甚至说，只有依法治国，强者才不会欺负和毁灭弱者。这就不仅是法治，也是德治了。对此，大流士也非常努力。他一再表示要克制自己，不乱发脾气，要做正义的朋友，因为他是一个好的战士。

没错，决战并非一定要在沙场，治国也许是更大的考验。居鲁士和大流士放长线，其实是要钓大鱼。这大鱼除了属邦的效忠，还有源源不断的财富。

这就要靠税收。

税收是帝国重要的经济来源，因此皇帝相当重视。每个行省都有专职的财务官，一律由波斯人担任。他们负责将税收上缴中央，比例大约是年产量的 20%。

这个税率并不低，事实上数量也相当可观。除波斯省享有免税特权外，其他行省都要上缴额定的货币税，比如巴比伦省 2000 塔兰特，小亚细亚四省 1750 塔兰特。大流士每年从各省收到的税银，大约有 400 吨之多。而只要 30 吨税银，便足够帝国军队四个月差十二天的开销。[6]

有钱就能打仗，大流士继续开疆辟土。在他手里，波斯成为地跨亚、非、欧三洲的大帝国，版图远远超过了亚述。首都也变成了四个：苏撒、爱克巴坦那、巴比伦、帕赛波利斯，皇帝和宫廷则四季轮流驻跸于这些都城。

属邦的朝觐和朝贡，被规定在帝国的礼仪之都帕赛波利斯，时间则是每年的春分时节。朝见皇帝陛下的，有埃及贵族、印度王公、行省总督和部落酋长，贡品则有乌檀木、金沙、象牙、雄驹、公羊、骆驼，以及各种奇珍异宝，还有来自巴比伦的年轻宦官。

大流士盛情款待了这些朝贡者，他的御厨则开出了可供一万五千人用餐的国宴。除了美酒佳肴，饭后还有甜点和水果，以及绕梁三日的歌声、通宵达旦的舞蹈。

看着他们开怀痛饮，大流士心满意足。因为这些丰硕成果不仅来自他的武功，更源于其文治，包括他和他前辈发明创造的一整套行政管理体制，也包括他修建的高速公路和地下水渠，以及农业技术的传播和改良。

这是一些值得赞扬的事情：扎哥罗斯的果树在安纳托利亚栽培，伊朗的葡萄在达马斯库斯试种，印度的水稻移植到美索不达米亚，芝麻则被引进到埃及。这些都是在大流士的督促之下完成的，就连他自己也觉得很了不起。

因此，在占领了色雷斯和黑海海峡以后，皇帝陛下胃口大开。他站在伊朗高原华丽的宫殿里极目远望，觉得完全可以为自己的国宴添一盘菜了。

这盘菜的名字，就叫希腊。

◎帕赛波利斯贡品

浮雕上为呈送贡品的人，其中的臂环、碗以及两耳细颈酒罐皆为帕提亚人呈给波斯人的贡品。据公元前6世纪到前5世纪左右的帕赛波利斯阿帕达纳浮雕。

希腊：自由万岁

希波战争爆发时，中国的春秋已近尾声。当时，晋国的赵氏正忙于对付和收拾他们的政敌，谁也不知道遥远的爱琴海岸会有一场战争，更不知道那地方叫马拉松。

马拉松，是关键的一战。[7]

迎战波斯大军的是雅典人，战争的形势则对希腊极为不利。此前，野心勃勃的大流士已经扫荡了几乎一半的希腊语世界，吕底亚、埃及、色雷斯和马其顿也早被收入波斯囊中，雅典和斯巴达却居然毫无戒备。

交战双方力量的对比也相当悬殊。当时，波斯军队有十万之众，而且训练有素；雅典却只有一万步兵，还是临时拼凑的。那么，是应该耐心等待斯巴达的援军，还是毫不犹豫地立即战斗？这真是一个问题。

◎马拉松战役前希波战争形势图　　　　　　据盐野七生《罗马人的世界》。

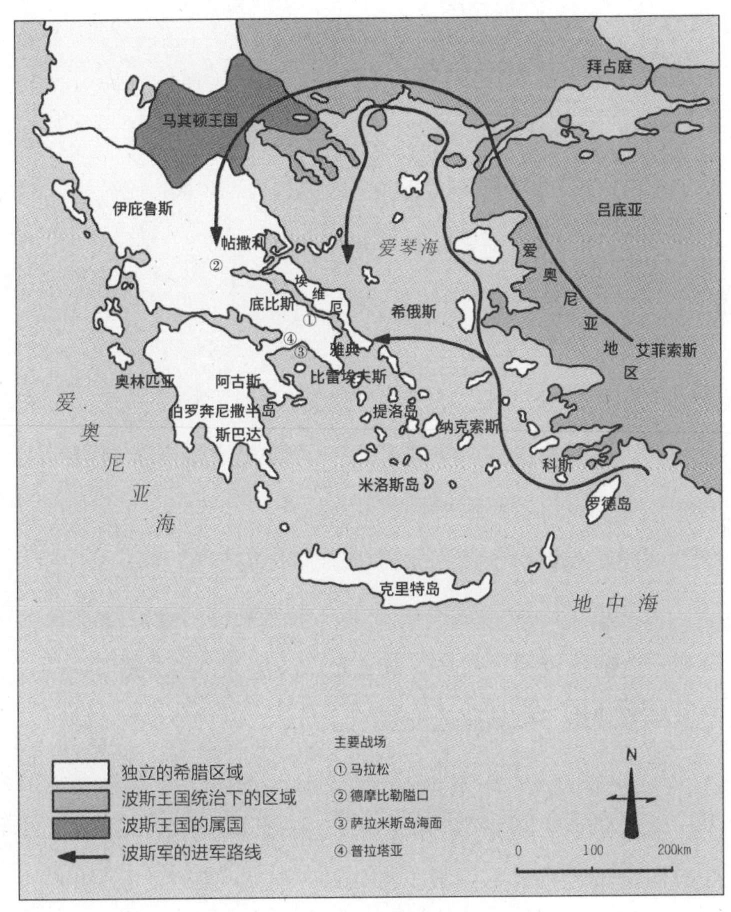

雅典人选择了战斗。

一位名叫米尔提达斯（又译米泰雅德）的老兵指挥了这场战争。他让雅典军队列成长方形阵，又故意让中段兵力最弱。结果，杀进阵中的波斯军队遭到了两翼的迎头痛击，惊慌失措之余只能逃回海上的舰船。据希罗多德的记载，此战雅典损失 192 人，波斯阵亡 6400 人。

雅典胜利了。

胜利了的雅典人派出了自己的信使。这位了不起的信使一口气跑了整整四十二公里，到达目的地才喊了一句“我们胜利了”就倒地身亡。但他带来的消息却让整个雅典城为之沸腾，欢呼雀跃之声响彻云霄。

从此，人类有了新的体育项目，叫马拉松。

行动迟缓的斯巴达援军是第二天赶到的。他们除了表示歉意，也仔细查看了战场。结论是：波斯人的标枪要短一些，甲胄和盾牌也不如希腊人的坚固。

但，这不是最重要的。

比标枪、甲胄和盾牌更重要的是方阵。这种军阵由十二列步兵密集组成，每列战士都步调一致地并肩前进，他们的盾牌则构成一道密不透风的城墙。而且，前面的战士倒下了，后面的就自动补位，直到全部阵亡。

这真是一台战斗机器。

组成这样的方阵并不容易，它要求阵中的每个战士都有着坚强的意志、坚定的信念和坚韧的毅力。这是需要精神来支持的，包括对城邦无限忠诚，对战友情同手足，把荣誉看得比生命重要，将退却视为奇耻大辱。

雅典人有这些精神，因为他们是自由之子。

的确，雅典是希腊人的杰出代表，希腊则是人类文明的璀璨明珠。没有任何一个古代社会，能像希腊那样强烈地关注个人价值，并对个人创造的未来充满信心。正是这种信心，让他们热情奔放，独立自主，视死如归。

有一个故事很能说明问题。

大约在希波战争之前半个多世纪，吕底亚还没有被波斯皇帝居鲁士灭亡的时候，一位周游世界的希腊哲人来到了这个王国。在参观了王室的宝库后，国王问：先生见多识广，你认为谁是世界上最幸运的人呢？

哲人答：当然是泰卢斯。

谁是泰卢斯？雅典的自由公民。他有几个儿子，个个勇敢善良；也有不少孙子，个个活泼可爱；他自己则在保家卫国的战斗中壮烈牺牲，让人怀念。如此而已。

然而在希腊人看来，这个普普通通的泰卢斯，却比任何君王都要尊贵，也要幸福。因为他是自由的。他坚持的是独立，享受的是平等，堪称幸运。

独立、自由、平等，是希腊人的价值观。

这个价值观的形成，我们在《国家》一书中已经说得很清楚了。不难看出，这与波斯人形成了鲜明对比。波斯帝国的政治虽然堪称仁政，大流士甚至立法规定了劳动者的最长工作时间和最低薪酬，并愿意与民同乐，却无论如何也培养不出希腊人才有的公民意识和自豪感。

制度的优劣，很快就会决出胜负。

公元前 479 年 8 月 27 日，希波战争中最后一次重要的军事行动在普拉提亚爆发。战争前，每名希腊战士都指天发誓：我将战斗到死，因为自由比生命更宝贵。

于是，为自由而战的四万希腊重装兵，毫无畏惧地迎战波斯的十五万大军，后者是由波斯皇帝薛西斯的妹夫马尔多尼乌斯率领的。结果，这位骑在白马上的波斯统帅战败身亡，失去领袖的波斯军队则溃不成军。

与此同时，希腊海军也在隔海相望的米卡尔海角大获全胜，波斯舰队不是葬身鱼腹，便是逃之夭夭。

希腊人的胜利，是价值观的胜利。

这是波斯人自帝国建立以来最惨重的失败。此后，战争仍将继续，波斯却风光不再。心灰意懒的薛西斯退进帕赛波利斯的深宫，在温柔富贵乡里醉生梦死，最后于公元前 465 年被一伙侍卫官和近卫军谋杀在床上。

这一年，墨子三岁，苏格拉底四岁。

波斯日薄西山，雅典蒸蒸日上。公元前 478 年，也就是普拉提亚和米卡尔海角之战胜利后一年，雅典人召集爱奥尼亚城邦和爱琴海诸岛组成了提洛同盟。二十多年后，这个同盟又被雅典人改造成了一个海上帝国。

雅典人开始称霸。

称霸是对自由的背叛，雅典则将付出沉重代价。希波战争结束十八年后，伯罗奔尼撒战争开始。这是希腊人的窝里斗，结果则是雅典和斯巴达的两败俱伤。希腊世界的夕阳西下，尽管在那纷飞的战火中，建筑、雕塑、戏剧和哲学依然大放异彩，蔚为壮观。

没错，批判的武器不能代替武器的批判，自己造孽则神仙也救他不活。争权夺利又大打出手的希腊城邦无可挽回地在辉煌中没落，在兴盛中沉沦。他们留下的烂摊子，也只能由自己的学生来收拾。

希腊人的这个学生，就是亚历山大。

亚历山大：世界公民

在历史的记忆中，亚历山大是一位英俊少年，而且永远富有魅力：笔挺的身材，白皙的皮肤，零乱的金发，光洁的下巴。但最迷人的，还是那双盯着世界的眼睛。在那里面，充满了好奇和天真。

谁都没想到，正是这双眼睛让世界变了模样。

只有他的父亲腓力二世看出了这一点。这位改变了马其顿国际地位的国王对儿子说：去找一个能让你大显身手的地方吧，我的孩子！马其顿对你来说实在是太小了。

腓力二世说得并不错。在他之前，没有一个希腊人愿意对这个多山王国正眼相看。这位狡诈而强悍的国王虽然成功地改变了人们的态度，但他很清楚，如果有人天生就是征服者，那么，非亚历山大莫属。

亚历山大也不负厚望。他刚刚继位就披挂上阵，战波斯，征埃及，侵印度，只用了短短七年就把马其顿从王国升格到帝国，其版图西起希腊，南括埃及，北抵中亚，东至印度河流域，跟波斯帝国一样横跨欧、亚、非。

可惜，这个帝国空前短命。

公元前323年，亚历山大死于一只带菌有毒蚊子的叮咬，他那顶多十三岁的帝国也迅速分裂，变成了马其顿－希腊（安提柯）、托勒密（埃及）和塞琉古（叙利亚）三个独立王国，以及一大堆小国，统一的世界分崩离析。

如何评价亚历山大，也就成了一个难题。

狂热的崇拜经久不衰。至少，在罗马人的眼里他永远是英雄。恺撒大帝在埃及向他的陵墓顶礼膜拜，奥古斯都屋大维的指环上刻着他的面容。早期基督徒甚至按照他的形象来描绘耶稣基督：飘垂着金发，不留胡须。

批评之声同样不绝于耳。在批评者们看来，亚历山大暴戾、浮夸、野蛮而独裁，不懂政治也不懂经济，没有创造和建树，甚至没有继承人。他最多只是创造了一个军事奇迹，而这个奇迹则不过是一束焰火。

就连亚历山大的美貌也成了罪名。批评者说，一个三十多岁的人为了留住青春而剃掉胡子，显然是变态的，至少也是虚荣的。如此自恋的人，可以算得上伟大吗？

◎ 公元前 3 世纪的亚历山大图书馆

这让人想起了项羽。

二十岁继承王位，三十三岁便去世的亚历山大，跟项羽一样都是少年英雄，他们的一生也几乎都是在鞍马上度过的。他们甚至都有不同程度的暴行，比如亚历山大对底比斯的疯狂烧杀，以及把三万提尔人卖为奴隶。

但，亚历山大在战争中很少进行报复，原则上也禁止军队抢劫。这位年轻的征服者在占领别国时的作风，更像刘邦当年在咸阳，也像居鲁士：尊重当地风俗，敬仰当地神祇，保留当地法律，任用当地官员。

更重要的是，项羽屠城他建城，项羽焚书他读书。

新建城市都叫亚历山大里亚，最有名的则在埃及。这座地处尼罗河三角洲战略要地新城的城址，是亚历山大按照荷马史诗的描述选定的。城中还特地建设了一座大图书馆，欧几里得在那里完成了他的《几何原理》，阿基米德则在那里学习并遍访名师。

也许，这才是亚历山大最重要的遗产。

这并不奇怪，因为亚历山大是亚里士多德的学生，而亚里士多德又恰好是一个希腊化的马其顿人。师生二人都崇尚理性，也都把雅典视为世界文化的中心。于是，亚历山大南征北战时，身后便跟随着地理学家、天文学家、地质学家和气象学家，就像一支科考队。

希腊文化的潜移默化，让亚历山大对知识和知识分子极为尊重。在科林斯，他对前来表示归顺的贵族们不屑一顾，却亲自去拜见戴奥真尼斯；而这位犬儒派的哲学家则一丝不挂地躺着享受日光浴，并不理睬皇帝陛下。

我能为您做点什么吗？亚历山大恭敬地问。

当然可以。戴奥真尼斯回答：你可以靠边站一点，年轻人！别挡住了我的阳光。

随从们都低声笑了。

亚历山大却当真让出了地方。他严肃地说：如果我不是亚历山大，我将成为戴奥真尼斯。

项羽就不会这样，刘邦也不会。

事实上，只有希腊人，以及受过希腊教育的人，才会把学者看得比王侯更尊贵。这是一种政治美德，这种美德将在文艺复兴以后成为西方文明的精神之一，并让西方世界勃然崛起，遥遥领先。

可以再说一个故事。

1788 年，也就是《国富论》出版十二年后，职务还是海关关员的亚当·斯密应邀到一位公爵家做客。当他步入客厅时，所有的王公贵族和商界巨子都站立起来，向这位身份卑微的小公务员鞠躬致敬。

亚当·斯密腼腆地说：大人们请坐吧！

已经来到亚当·斯密身边的英国首相皮特却说：哪有老师还站着，学生就先坐下的呢？

一年后，美国宪法生效，法国大革命开始。

这当然是亚历山大不曾想到的，却是他的遗风余韵和无量功德。因为正是他，开启了埃及、西亚、中亚和东地中海地区的希腊化进程，从而把文明带入一个崭新的，更具世界性的新时代。

亚历山大是一位世界公民。

没错，他生在马其顿，死在巴比伦，葬在埃及，却把希腊文明的种子撒向世界。尽管他的帝国并不比他的寿命更长，也尽管希腊化的世界在一个多世纪后会变成碎片。

但，那也是闪光的碎片。

只有一个伟大的民族，才能把这些碎片整合起来，变成一种更加灿烂的文明。这个民族在今后的几个世纪将显示出相当了不起的政治和文化天才，他们建立的帝国和文明也将与中国的大汉双雄并峙，享誉全球。

是的，现在轮到罗马人登场了。

第二章

历史

在帝国元首屋大维看来，
跟政敌的妻子或女儿上床是监视敌人的最佳方式。
因此，这种游龙戏凤并非风流韵事，
更非伤风败俗，而是为国捐躯。

初生牛犊

亚平宁半岛像靴子一样伸入地中海，它的名字也叫意大利。意大利（Italia）可能是奥斯坎语 Italos 的希腊语化形式，意思是牛犊之国。

不过，半岛上真正的初生牛犊，是罗马。

罗马在意大利中部。在这里有一条台伯河，西北岸叫埃特鲁斯坎（又译伊特鲁斯坎、埃特鲁利亚、伊达拉里亚），住着埃特鲁斯坎人；东南岸叫拉丁姆，住着拉丁人。

拉丁人是罗马人的祖先。

罗马的历史是在传说中开始的。根据这个传说，公元前753年4月21日，也就是中国的周平王东迁洛阳以后十七年，一个名叫罗慕路斯的人在帕拉丁山丘上建立了一座城市，并用自己的名字命名为罗马（Roma/Rome）。

这当然并不可靠。

更靠不住的是，罗慕路斯和他的双胞胎兄弟被说成是战神马尔斯的儿子。他们哥俩被叔外祖父抛弃后，一只母狼喂活了他们，后来又被牧羊人夫妇抚养成人。因此，这只警惕而机敏的母狼，便成了罗马城的标志。

罗马人是“狼崽子”。

尽管谁都知道狼崽子的传说只能姑妄听之，罗马人却宁愿相信这是信史。罗马作家李维甚至告诉我们，罗慕路斯在建城时曾经这样对众人说：上天赋予我们使命，总有一天我们罗马将成为世界的首都。

这话当然兑现了，不过是在很久以后。

实际上，从传说中的罗马建城，到罗马共和国的真正诞生，他们有两个半世纪默默无闻，甚至是在埃特鲁斯坎人的统治之下。就连“罗马”这个名字，也可能是埃特鲁斯坎人给他们起的，意思是“河上之城”。

不过，埃特鲁斯坎人虽然使用一种非印欧语，却把字母引进了罗马。这是他们从希腊人那里学来的，而希腊人则是腓尼基人的学生。腓尼基人是世界上第一套拼音字母的发明者，也是印度、阿拉伯、斯拉夫字母的祖师爷。

罗马人从埃特鲁斯坎人那里学到的东西还有：犁，城市排水设施，住宅的前庭结构，拖袈（长袍），以及执政官出行时的排场：十二名扈从每人肩扛一束木棒，当中插着一柄战斧，以此象征国家的权力和权威。

这个仪仗或权杖，就叫法西斯（fasces）。

◎青铜母狼喂养罗慕路斯与雷穆斯像

现收藏于意大利卡比托利欧博物馆。

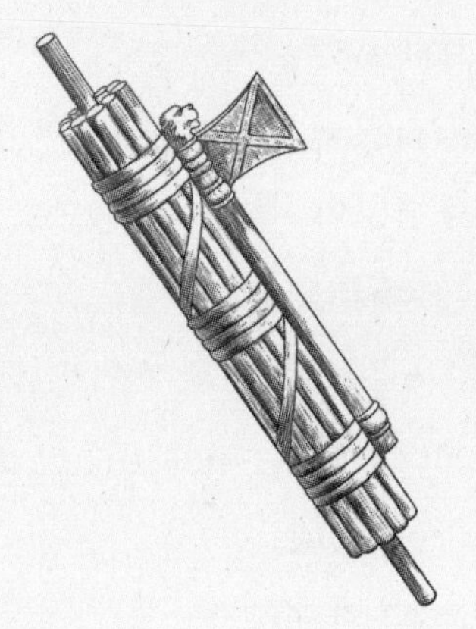

◎法西斯

在古罗马法西斯是权力和威信的标志，该形象仍保留于今日美国十美分硬币上，作为权威与集体力量的象征。

但，尽管埃特鲁斯坎人帮他们规划了城市，包括街道布局和卵石铺路，罗马人依然保留了拉丁语，也创建了自己的社会结构和政治组织。这些结构和组织是那样地与众不同，以至于罗马人的文明也只能另辟蹊径。

那就让我们来认识一下。

构成早期罗马社会的是氏族，每十个氏族组成一个胞族，叫库里亚。每十个库里亚组成一个部落，叫特里布。三个特里布（即三十个库里亚）构成罗马城市公社，全体成员则构成罗马人民。

罗马人民（拉丁文为Populus Romanus）是一个极其重要的概念，贯穿了罗马历史的始终。所有执政者都要以人民的名义行使权力。他们的盟国被称为“罗马人民之友”，政治对手则被宣布为“罗马人民的公敌”。

代表罗马人民的是人民大会，也叫库里亚大会，由全体成年男子参加，按照库里亚分组议事。每个库里亚有一票表决权，有权选举执政者，决定战争和判决。

不过，人民大会只是权力机关，决策机关却是元老院。元老院其实就是江湖大佬们的议事机构。选举和立法都是先由元老院拿出方案，再由人民大会表决。

这样的政治制度，我们应该不难理解。

事实上，元老院是罗马真正的权威和灵魂。罗马人在书写他们国家时，通常缩写为SPQR，意思是“元老院和罗马人民”（拉丁文为Senatus Populusque Romanus）。明白这一点，我们才能看懂罗马的政治和历史。

最高执政者则叫勒克斯（Rex），也就是罗马王。不过，罗马王是终身制，而不是世袭制。老王去世后，新王只能由元老院和人民大会选举产生，没什么父死子继和兄终弟及。显然，他更像一个终身制的总统而非国王。

这就是共和国诞生之前的罗马，历史学家把这个时期称为“王政时代”。如果说这也是君主制的话，那么，这种君主制跟中国的君主制是大为不同的。

君主制的中国叫天下。

君主制的罗马叫公社。

天下的治权来自上天。

公社的治权来自人民。

权力来源不同，授权方式也不同。在中华，邦国时代是上天授权天子，天子分封诸侯，诸侯分封大夫；帝国时代，则是上天授权天子，官员代理皇权。结果，封建制的天下分崩离析，郡县制的帝国治乱循环。

王政时代的罗马就不会这样，因为他们理顺了关系。

权力主体：罗马人民。

权力机关：人民大会。

决策机关：元老院。

执行机关：罗马王。

作为君主制，这已经很不错了。至少，权力在理论上属于人民。然而罗马人仍不满意。公元前 509 年，他们驱逐了最后一个勒克斯，并顺手一刀终结了王政时代。

被驱逐的这个罗马王叫塔克文。他是一个埃特鲁斯坎人，也是一个篡位者和杀人犯。在谋杀了先王塞尔维乌斯以后，他既未经人民大会选举，又未经元老院同意，就自说自话登上了王位，并统治这个国家二十五年之久。

塔克文遭到驱逐，根本原因是公然藐视罗马的政治传统和游戏规则。他从来没有向元老院征求过任何意见，也从不问人民大会是否同意他的决策。当然，没有全副武装的卫兵保护，他也绝不走出宫门一步。

于是，此人有了一个外号：傲慢者塔克文。

傲慢者塔克文在军事和外交方面都堪称天才，在国内却积累了足够的怨恨。他的第三个儿子更是出格，居然在到亲戚家做客时，持剑强奸了年轻貌美的女主人。

受辱的女人用短刀杀死了自己。临终前，她呼吸艰难地要求在场的男人为她复仇。这些男人是闻讯以后匆匆赶来的，其中便包括她的父亲和丈夫，以及丈夫的朋友即罗马共和国的缔造者布鲁图。

烈女的遗体被放置在罗马广场，布鲁图则向围拢过来的市民发表了演说。愤怒的市民一致同意将国王和他的全家驱逐出境。因此，当在外征战的傲慢者塔克文赶回罗马时，他面对的是紧闭的城门。

成功驱逐了国王的布鲁图，在罗马广场上召集了人民大会。他提出了改变政体的建议，并要求全体市民指天发誓：从今往后，任何人都不得登上王位，不得侵犯罗马人民的自由，更不得有个人的专制和独裁。

提议得到了通过。也许，集权的王政体制已经完成了它的历史使命。血气方刚的初生牛犊罗马人认为，他们需要的不再是一位国王，而是自由和法律。

罗马共和国诞生了。

此刻，是中国春秋的鲁定公元年。

但在罗马，却是共和元年。而且，这一制度将延续五百年，比两汉的总和还要长。

保卫共和

创建了共和国的布鲁图当选为第一任执政官。

执政官就是原来的罗马王。不同的是，他的任期只有一年（可以多次当选），而且执政官有两个。两位执政官有着相同的权力，每个人都可以否决对方的决策。因此，他们不得不精诚团结，互相协商，谁都不能专横跋扈。

当然，他们也无法滥用权力。

必须把权力关进笼子。这个现代国家反复强调的政治理念，罗马人在两千五百年前就已经明白。

即便如此，当一名执政官，尤其是在共和之初，仍必须像中国的周公一样小心翼翼，战战兢兢。因为人民对这种新制度还不信任，也不知道他们会不会又变成国王，布鲁图和他的新制度都必须接受考验。

考验说来就来。

祸端是一群年轻人惹出的。他们不满于元老院里尽是些老家伙，便密谋推翻共和政体，迎回被逐的塔克文。为此，他们秘密集会，并歃血为盟。

消息泄露后，小伙子们被押上了审判庭。

审判是在人民大会上进行的，被告则包括布鲁图的两个儿子。所有的眼睛都看着执政官，另一位执政官的脸上则流下了眼泪，因为被告当中也有他的亲戚。

看来，这些叛国者是死不了啦！按照规定，两位执政官必须意见一致，否则判决无效。

布鲁图决定实行家法。

没错，在罗马，家长对子女有生杀大权。

布鲁图问儿子：你们为什么不为自己辩护？

两个年轻人一言不发。

布鲁图连问三遍。

他的儿子还是选择沉默。

布鲁图便对卫兵说：现在交给你们了。

刑罚当场执行。两个年轻人被脱去衣服，双手反绑接受鞭打。皮开肉绽之后，又被用斧头砍下了脑袋。所有人都不敢正视这一场面，只有布鲁图镇定自若地看着自己的儿子，直到行刑完毕才离开现场。

另一位执政官坐不住了。最终，他辞去了职务，并主动亡命国外，罗马人也依法不再追究。

布鲁图大义灭亲，是因为他有一种深深的忧虑：共和国树欲静而风不止，塔克文人还在而心不死。得到密谋失败消息的塔克文，也果然卷土重来。最后，在保护共和国的战斗中，布鲁图壮烈牺牲。

现在，要接受考验的是瓦莱里乌斯。

瓦莱里乌斯是在前面那位执政官辞职后补选的，并在反复辟的斗争中与布鲁图并肩作战，然而罗马人却对他产生怀疑并表示不满。因为奏凯归来时，他的战车居然用了四匹白马，他们家的住宅也气势不凡。

罗马人怀疑：这家伙莫非要称王？

瓦莱里乌斯听到舆论，立即拆毁了自己的豪宅，然后在地价便宜的地方盖了一座简朴的房子。任何人都可以在那里自由出入，他们家的大门永远向罗马公民敞开。

这让我们想起了刘邦。

刘邦称帝后，萧何便在长安营建未央宫。对此，刘邦不以为然。他说，天下未定，民不聊生，怎么能大兴土木？萧何却说，正因为天下动乱，才需要建设帝都。更何况，没有壮丽的宫殿，又岂能显示天子的尊严？[1]

显然，这里面没有道德问题，有问题的是制度。

瓦莱里乌斯保卫共和，也正是从制度入手的。他制定了一系列法律。比方说，过去由国王掌管的国库，改由财务官管理；对法务官做出的判决，公民可以向人民大会提起诉讼；如果有人觊觎王位，则剥夺其生命和财产。

这些法律让罗马人一片喝彩，瓦莱里乌斯也被称为“亲民者”，意思是维护公共利益的人。

六年后，鞠躬尽瘁的瓦莱里乌斯与世长辞。由于执政官并无薪水，这位亲民者又早已家财散尽，他的家人连丧葬费都拿不出来。最后，是罗马公民自发捐款，才总算为他举行了葬礼。罗马的女人，则为他服丧一年。

享受这一待遇的，此前还有布鲁图。

布鲁图牺牲了，瓦莱里乌斯也已去世，共和政体却在罗马站住了脚跟，四百多年间无人敢动称王的念头。

罗马人，选定了自己的路。

共和的罗马异军突起。他们征服意大利，称霸地中海，吞并西班牙。公元前 241 年，也就是楚考烈王率领的六国联军在秦王嬴政的函谷关前不战而走时，罗马已经有了最早的海外行省西西里。两年后，又有了萨丁尼亚及科西嘉。到张骞通西域时，这样的行省有九个。希腊变成了他们的阿卡亚省，迦太基则变成了阿非利加。

地中海的历史，只能由罗马人来书写了。

◎公元前 130 年前后罗马共和国行省

据盐野七生《罗马人的故事》。

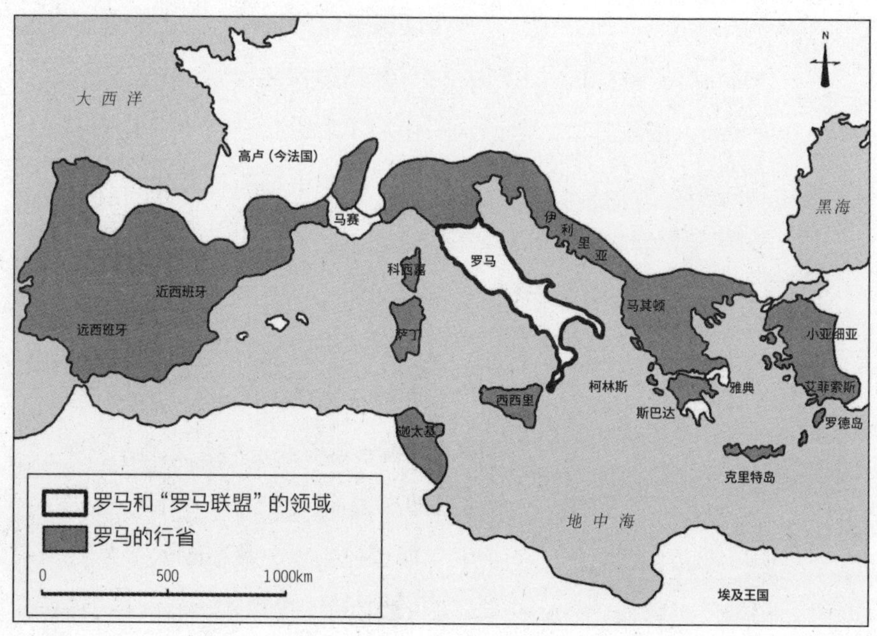

在这个时候，罗马人应该想起那些共和国的缔造者和保卫者。他们不是一两个人，也未必都是大人物，甚至可能只是普普通通的士兵，却足以惊天地泣鬼神。

比如穆奇乌斯。

穆奇乌斯是在行刺波塞纳时被俘的。后者是埃特鲁斯坎联邦的一个国王，也是一名骁勇的战将。为了帮助塔克文夺回王位，波塞纳亲自带兵前来攻打罗马。他对穆奇乌斯的行刺怒不可遏，燃起大火准备动用酷刑。

然而穆奇乌斯却毫不畏惧。他拿起一支火把放在了自己的右手心，人肉烧焦的气味让所有人都为之动容。面不改色的穆奇乌斯告诉波塞纳：决心保卫共和的罗马人并不怕死，国王陛下最好有足够的思想准备。

波塞纳放弃了帮助塔克文复辟的想法，再也没人能够动摇罗马人的选择，尽管后来他们自己改变了路线，罗马共和国也最终变成了罗马帝国。然而，正如共和的建立并非一人之功，走向帝制也不但有一个漫长的过程，而且有一大群人在推波助澜。

但恺撒，则无论如何要算一个。

被杀的岂止是恺撒

公元前 45 年，盖约·朱里亚·恺撒有了一大堆官衔和头衔：任期五年的执政官，终身保民官，终身独裁官，大元帅，大教长。此外还有一个尊号：祖国之父。

这是前所未有的。因此有学者认为，共和政体在这时其实已经死去，只不过还需要一段埋葬的时间。

其实恺撒的大权独揽，并非罗马人从共和迈向帝制的第一步。第一步是苏拉迈出的，头衔是无任期独裁官。这个头衔非常重要，正如王莽篡汉必须先当大司马。

那么，什么是独裁官?

跟西汉的大司马一样，罗马的独裁官也是在原来的制度之外发明出来的。只不过，汉武帝发明大司马是要向宰相夺权，而罗马人发明独裁官却是为了授权。

事情得从执政官说起。

前面说过，罗马共和国的执政官是两个人。这当然是为了防止权力的滥用和王政的复辟，但在实际操作中却问题多多，尤其是在战争年代。战争，必须令行禁止，独断专行，两个人权力相当可怎么指挥呢？

早期的办法，是一个执政官带兵出击，另一个留守家中；或者一个指挥骑兵，一个指挥步兵。最可笑的是按日轮流指挥，结果当然一塌糊涂。

于是，独裁官产生了。

按照规定，当国家处于紧急状态时，元老院有权任命独裁官。除了无权改变政体，独裁官享有绝对的权力。在他行使这一特权期间，执政官和其他高级长官都必须停止活动，或者听命于独裁官，所以叫独裁。

当然，既然叫独裁官，那就只有一个人。

为此，罗马人规定，独裁官可以有二十四个肩扛法西斯的刀斧手做开路先锋。这是执政官的两倍。意思也很清楚：集两个执政官的权力于一人。

不难看出，这样的独裁官很容易就会变成国王。然而要保住一个政体，有时就得做出有违这种政体理念的事情，只不过必须小心翼翼，并加以限制。

因此，独裁官的任期只有六个月。

这样看，苏拉成为无任期独裁官意味着什么，也就不言而喻。虽然三年后他就辞去职务隐居乡下，但千里之堤溃于蚁穴，苏拉破了例，势必后继有人。

现在轮到恺撒。

恺撒是亚历山大的崇拜者，业绩和魅力却丝毫都不逊于亚历山大。几乎所有人都同意，他是目光敏锐的政治家，战无不胜的军事家，口才一流的演说家，才华横溢的文学家。孟德斯鸠曾经这样评价恺撒：无论率领哪支军队，他都是胜利者；无论生在哪个国家，他都是领导者。

当然，恺撒也有毛病。

他虚荣。为了掩盖秃顶，会长年戴一顶桂冠。他好色。他的生活放荡不羁，一生中有许多女人。他骄傲。他在公元前47年前往小亚细亚平叛时，写给元老院的捷报居然只有单数第一人称的三个拉丁文词语：veni，vidi，vici，意思是：我到了，我见了，我胜了。

然而，尽管恺撒备受争议，有两点却毋庸置疑：他不是伪君子，也不是胆小鬼。公元前49年1月1日，被政敌庞培操控的元老院下令收回他的兵权，继而又宣布他为人民公敌，恺撒却在十天后就到了卢比孔河。

这是山南高卢行省与罗马本土的界河。身为行省总督的恺撒一旦过河，依法就要被视为造反。

决定命运的时刻到了。

恺撒义无反顾地下令渡河。他对战士们说：骰子已经掷下去了，向诸神等待的地方前进吧！

结果，恺撒长驱直入进了罗马。反对派首领庞培则是先逃到希腊，后逃到埃及，最后在埃及被托勒密十三世杀死。庞培的头颅送到亚历山大港时，恺撒哭了。

庞培被杀，是在公元前 48 年 9 月 28 日。三年多以后，即公元前 44 年 3 月 15 日，恺撒也被杀死在元老院庞培的立像下，距离他五十八岁生日只差四个月。

谋杀恺撒的，是所谓共和派。

共和派并非没有道理，事实上恺撒已经成为帝王。除了前面说过的那些头衔，他还拥有众多特权。他甚至开创了一个先例：在货币上刻印自己的侧面头像。虽然仅仅出现在银币上，但已经足以让人心生警惕。

◎铸有恺撒头像的罗马银币

该银币铸于公元前 35 年，直径 30 毫米。

更让共和派担心的是，恺撒还要远征帕提亚（也就是拦住了班超使者甘英一行的国家）。以恺撒之英勇善战，胜利几乎是必然的。那时，恐怕谁都挡不住他称帝。元老院甚至会以推举他为王的方式，来预祝他的凯旋。

何况恺撒本人虽然拒绝王者称号和冠冕，却并不讳言对共和制度的不满。毕竟，拥有十八个行省的罗马实际上已是帝国，旧的制度岂能适应！

因此，恺撒总有一天会跨过另一条卢比孔河，即从共和走向帝制。这是当时许多人的共识。

也因此，要保卫共和，就必须刺杀恺撒。

刺杀是在元老院会议开始之前进行的。十四个共和派议员一拥而上，手持短剑刺向恺撒，寡不敌众的恺撒则倒在了血泊中。为了死得有尊严，他用披风裹住了全身。

恺撒死了，共和保住了吗？

没有。

让共和派意想不到的是，当他们高呼“暴君死了”、“我们自由了”等口号走上街头时，没有得到市民们的任何反应。相反，当恺撒的遗体火化时，市民们却用熊熊燃烧的火焰点燃了手中的火把，潮水般涌向刺杀者的宅邸。

保卫共和的英雄，居然成了过街老鼠。

历史的进程更具戏剧性。

公元前 43 年 11 月 28 日，刺杀集团的要犯名单被当局公布。他们的精神领袖西塞罗虽然没有直接参加行刺，也在 12 月 7 日被杀。这位罗马一流评论家的脑袋和手都被砍下来在广场上示众，舌头上还钉了钉子。

公元前 42 年 1 月 1 日，元老院通过决议，将亡故的恺撒尊为神。这是继开国之君罗慕路斯之后，第二位成为神族一员的罗马领导人。

公元前 27 年 1 月 16 日，恺撒的养子屋大维被元老院授予“奥古斯都”称号，意思是至圣至尊。此前，他已经被称为“普林斯”，意思是元首、第一公民、首席元老。而且，他一直连选连任执政官，也是终身保民官，还是大元帅和凯旋将军，并在公元前 12 年担任了大祭司长。

罗马第一个皇帝诞生了，虽然名义上不叫皇帝。

共和国就这样变成了帝国。那些保卫共和的人在谋杀恺撒的同时，也杀死了这个政体。

早知如此，何必当初？

不能肯定这就是恺撒的遗愿，但屋大维确实是恺撒生前指定的继承人。这是元老院和许多人都没想到的，不少人之前连屋大维的名字都没听说过。

因此，他们的问题也是我们的问题：

为什么是屋大维？

屋大维上位

年方十八的屋大维是在恺撒被刺一个月后匆匆赶回罗马的。其实就连他自己，事先也不知道恺撒会把他收为养子，并让他继承姓氏。屋大维被这种信任深深感动了。他决心继承恺撒的遗志，完成养父未竟的事业。

这个事业，就是“罗马统治下的和平”。

可以说，这才是屋大维一生最大的功绩，建立帝制倒是其次，甚至只是手段。只不过，要实现这一目标，先得大权在握，起码得站稳脚跟。

这并不容易。要知道，罗马人历来看重门第，也认为国家领导人应该功勋卓著，老成持重。然而屋大维却出身寒门且并无战功，年纪轻轻又体弱多病，就连身高也只有一米七，凭什么成为恺撒大帝的接班人？

小伙子，你做得到吗？

屋大维偏偏就做到了。公元前 43 年 8 月，也就是恺撒被刺一年多以后，屋大维在罗马人民大会以压倒多数的优势当选为执政官。这时，他距离担任执政官的法定年龄（二十一岁）其实还差两年。

十三年后，步入而立之年的屋大维，更是没有争议地成为罗马的独裁者。他的政敌都退出了历史舞台，且身败名裂；他的事业却开始起步，且如日中天。

那么，他是怎样做到的？

有两个人帮了他的忙，尽管其动机恰恰相反。

这两个人，就是安东尼和西塞罗。

西塞罗是罗马一流的智者，也是刺杀恺撒之共和派的精神领袖。安东尼则是恺撒的副手和战友，也是与恺撒同时的另一位执政官。因此，当安东尼得知恺撒事先写好的遗嘱居然指定屋大维做继承人时，全身都凉透了。

自以为老谋深算的西塞罗却认为有机可乘。在他看来，如果让安东尼得逞，恺撒就白杀了。相反，屋大维则可以争取和利用。因为屋大维对西塞罗极尽晚辈之礼，不但大写充满敬爱之情的书信，还称西塞罗为“仲父”。

于是西塞罗决定改变阻挠屋大维的方针，力挺屋大维上位。但他哪里知道，屋大维的隐忍功夫和心狠手辣，绝不亚于中国的司马懿。他刚刚当选执政官，就正式启用“恺撒·屋大维”的称号，并宣布刺杀恺撒的都是罪人。

西塞罗也只好献出自己的头颅。

与屋大维联手消灭了西塞罗一派的安东尼，则开始犯另一个错误。他抛弃了自己的妻子、屋大维的姐姐屋大维娅，与埃及女王克娄巴特拉结婚，并将自己治下的领土赐给克娄巴特拉的儿子，还立下遗嘱要葬在埃及。

这些都极大地伤害了罗马人民的感情，屋大维却把安东尼的错误统统变成了自己的资本。更高明的是，他告诉元老院和罗马人民，真正的罪魁祸首是那个埃及女人，因此只有国与国之间的战争才能洗刷罗马的耻辱。

安东尼的名字，则始终只字不提。

个人恩怨变成了国家利益和民族荣誉，罗马城里喊杀之声不绝于耳，屋大维成功地发动了战争。

战争的结果众所周知，安东尼和克娄巴特拉双双兵败自杀，罗马则为屋大维举行了盛大的凯旋仪式。战争期间一直敞开的战神神殿大门关闭了，和平女神降临人间。

屋大维也信守承诺，开始缔造和平。

胜利后，屋大维赦免了所有的安东尼余党。安东尼和克娄帕特拉生下的双胞胎，则交给屋大维娅抚养。被处死的只有一个人，即恺撒和克娄巴特拉的私生子。

◎克娄巴特拉和恺撒里昂

据埃及丹德拉神庙上的浮雕。现存的神庙遗址可以追溯到公元前三百多年，总面积约 40000 平方米。其中刻有克娄巴特拉及恺撒之子恺撒里昂的浮雕最为著名，展示了托勒密王朝埃及的艺术特色。

这都是合理的，至少讲得通：宽容是恺撒一贯提倡的精神，屋大维娅是安东尼的原配和罗马妻子，那个私生子则又为恺撒的遗嘱所不承认，尽管屋大维杀他的真实动机是绝不允许世界上有另一个恺撒的继承人。

然而屋大维的过人之处，就在于无论他要做什么，也无论他为了什么，都总能师出有名。包括他跟政敌的妻子或女儿上床，据说也是为了监视敌人。因此这种游龙戏凤并非风流韵事，更非伤风败俗，而是为国捐躯。

这种手段，是恺撒绝不可能有的。

唯其如此，从弱冠少年变成帝国元首，屋大维才做得不动声色，天衣无缝，滴水不漏。

政改也一样。

屋大维首先做了两件事：削减军备和普查人口。第一件事让人民享受到和平的幸福，第二件事让他们感受到国家的富强，但同时也把一个问题摆在了公众的面前：我们的共和国如此幅员辽阔、人口众多，又不能再依靠武力和发动战争，那又如何保证"罗马统治下的和平"呢？

也只能中央集权，变共和为帝制。

这就必须削弱元老院。于是屋大维又做了两件事：议会裁员和信息公开。第一件事经过一系列的软硬兼施算是搞掂，第二件事则居然让议员们兴高采烈。

诀窍，在方式。

实际上在恺撒时代，信息就是公开的。元老院的会议记录，第二天就会张贴在罗马广场的一面墙上。屋大维却把这个惯例取消了。议员们的发言不再会变成市民们茶余饭后的谈资，这当然让他们感到满意。

然而屋大维只是把原来张贴出去的“元老院纪事”改放在了图书馆，任何人都可以随时阅览。有关国家政策和人事变动，则通过《每日纪闻》向罗马公民公布。也就是说，屋大维其实办了一个官方网站，或一份报纸。

元老院还是没法暗箱操作。

当然，他们也无法通过掌握国家机密来强化权威。

对于这个提案，没人敢投反对票，因为屋大维的理由很正当：共和国的公民拥有对国家事务的知情权。

元老院只能接受。谁也不曾想到，这个像亚历山大一样喜欢以青春形象示人的美少年，竟会利用民权，并以民主的方式来实现独裁。想当初，真是小看了他。

更让人想不到的事情发生了。

公元前 27 年 1 月 13 日，屋大维在座无虚席的元老院发表演讲：我宣布，集中在我身上的一切权力，今天都还给你们。所有的武器、权力和行省，包括政治、军事和外交的决定权，都属于元老院和罗马人民！

屋大维要恢复共和?

所有人都不敢相信自己的耳朵。

片刻死一般的沉寂之后，是雷鸣般的掌声。屋大维也得到了回报，元老院一致同意授予他“奥古斯都”的称号。而且，从宣布恢复共和，到成为奥古斯都，只有三天。

奥古斯都，其实就是皇帝。

皇帝陛下在“共和万岁”的欢呼声中加冕登基，这可是只有屋大维才能演出的大戏。的确，他不是天才，不像苏拉那样神采飞扬大放异彩，不像恺撒那样不可一世痛快淋漓，但他让罗马退出战场，帝国走向巅峰，世界实现和平。作为凡人，他完成了就连天才也做不到的事情。

公元前2年，也就是王莽称帝六年前，屋大维被元老院授予国父称号。这是罗慕路斯和恺撒之后，第三位被称作“祖国之父”的人。他的声望达到了顶点。

十六年后，奥古斯都屋大维在临终之前问了最后一个问题：我的戏演得好吗?

那还用问?简直精彩绝伦。

各奔东西

罗马的历史似乎注定充满悖谬：共和政体被保卫共和的人杀死，帝国制度由恢复共和的人建立，神话般的人物死于非命，平凡的人却创造了不平凡的业绩。正是这些看起来的不可思议，让他们的故事充满张力。

屋大维之后的罗马，自然也不会缺少戏剧性。

大体上说，屋大维的继承者大多结局不佳。处死了耶稣的提比略被近卫军杀死，继位者卡里古拉也一样，接下来的克劳狄则被自己的第四任妻子毒杀。继承皇位的，是这个女人与前夫所生之子尼禄。

尼禄可是暴君的代名词，他甚至把他那个飞扬跋扈的母亲也谋杀了。终于，弄得天怒人怨的尼禄被元老院宣布为人民公敌，在逃亡途中自杀身亡。

之后有四个人执掌权杖，其中有两个被杀，一个自杀，幸存的那个拼命收税，连墓地的厕所都不放过。此人的儿子则是个虐待狂，让罗马处于一片恐怖之中，最后被仆人杀死，元老院则趁机宣布他为人民公敌。

这就是奥古斯都屋大维的身后。

是的，他没有播下龙种，却收获了跳蚤。

此后的故事跌宕起伏。

就在那个虐待狂被仆人杀死之后，罗马出乎意料地柳暗花明，一百年间居然接连出了五个不错的皇帝，史称五贤君。他们把帝国的版图扩张到顶点，建立起当时世界上最大的文明圈。其中第三位皇帝哈德良甚至创造了一个奇迹：让罗马更多地是受到尊重而不是令人恐惧。

恺撒和屋大维的理想——把罗马变成世界的首都，缔造罗马统治下的和平，都得到了实现。至少有一点名不虚传也毋庸置疑，那就是：条条大路通罗马。

这，也是中国圣贤们的理想吧？

然而这一百年间的东汉帝国却是日薄西山。外戚和宦官轮流专政，豪门和女主夺利争权，很有几个皇帝不得善终。最后，汉帝国被一个名叫董卓的军阀实际上灭亡，虽然靠着曹操仍维持了王朝的名义二三十年。[2]

当然，董卓也不得好死。

董卓是被自己的部将吕布杀死的。也就在这一年(192),五贤君之后的罗马皇帝康茂德被谋害,凶手是他的情妇、侍卫和摔跤教练,起因不明。

看来,罗马的兴盛和东汉的国运都到了尽头。[3]

康茂德被谋杀后,近卫军在六个月内就拥立了两个皇帝,后一个的皇位还是拍卖的。结果,这两个皇帝又都死在了近卫军的刀下,最后夺得皇位的是塞维鲁。

塞维鲁是军人出身,而且是作为军团司令和行省总督杀回罗马的,当然知道枪杆子的重要性。临终前他这样嘱咐儿子:让士兵发财,其他人的死活可以不管。

可惜,他的儿子继位后,还是被近卫军所杀。以后的两个皇帝,也都死在士兵手上。公元 238 年一年内,元老院推出四个皇帝,全被士兵杀掉。之后十五年,竟换了十个皇帝。最后,军团和行省纷纷拥立自己的皇帝,乱成一团。

罗马帝国风雨飘摇。

并非没有人给帝国注射强心针,奥勒良就是。这位英勇善战的皇帝东征西讨,在短短五年内重新一统江山,以至于满怀感激的元老院授予他“世界秩序恢复者”的称号。然而不到一年,他也被心怀不满的士兵杀掉了。

3 世纪的罗马,真是多灾多难。

那么,帝国还有救吗?

也许有，只不过得改革。

改革者叫戴克里先，他是在中国的西晋灭亡东吴四年后成为罗马皇帝的。从他开始，屋大维创立的元首称号（普林斯），正式改为君主（多米那斯）。也就是说，屋大维实行的是元首制，戴克里先实行的是君主制。以此为界，罗马帝国也被分为前期和后期。

戴克里先是一位奇怪的皇帝。他确立了君主制，却又把帝国分为四个部分，由四位统治者治理。其中两个是正职，称奥古斯都；另外两个是副职，称恺撒。

这种制度，叫四帝共治。

四帝共治的目的，首先是为了国家安全。四位正副皇帝分到的也不是领土，只是保家卫国的责任区。这与其说是戴克里先觉得一个人承担责任太累，不如说帝国已经脆弱到独木难支，必须有更多的人来同舟共济。

制度改革的第二个目的，是政权的稳固。一国四帝分居四个首都，总不至于在同一时间内，都像前面那些皇帝一样被近卫军杀了吧？就算杀了一个，还有三个。

第三个目的则是权力的和平交接。要知道，在罗马帝国的话语体系中，奥古斯都历来代表皇帝，恺撒则有皇储的意思。因此，按照戴克里先的设想，一个奥古斯都（正帝）去职，就会有一个恺撒（副帝）补位，秩序井然。

何况所有的恺撒（副帝）都是奥古斯都（正帝）挑选和指定的，更何况戴克里先还规定副帝必须娶正帝的女儿为妻。儿子不能挑选，女婿和副帝却可以，这就比可能出现尼禄和康茂德的父死子继要让人放心得多。

稳妥吗？稳妥。

至少在戴克里先看来，是如此。

于是，这位改革皇帝在登基二十年后宣布退位，并把另一个正帝也拖下了水。这事如果发生在中国，是要被儒家称颂为“禅让”的。在罗马，也要算高风亮节。

可惜这时的罗马早已没有道德可言。官场上的唯利是图，政治上的腐化堕落，统治集团内部的争权夺利和勾心斗角，即使苏拉和恺撒复生也无法整肃。比如西塞罗在担任总督时就大发横财，却毫无愧色地以君子自居。

当皇帝，可比当总督更有诱惑。

因此，戴克里先在自己的有生之年，就看到了他最不愿意看到的事情：为了争夺皇位而重开内战。最后，皇帝又变成了一个人。当然，是在消灭了所有对手之后。

这个人，就是君士坦丁。

君士坦丁成为罗马皇帝后做了两件事情：一是发布《米兰敕令》，承认基督教在罗马的合法地位；二是把帝国的首都迁到了东方的拜占庭，并改名为君士坦丁堡。

这两件事，就像中国的黄河改道一样，彻底改变了罗马今后的走向。君士坦丁迁都六十二年（392）后，基督教成为罗马帝国的国教。又三年后，罗马帝国分裂，首都在罗马的叫西罗马帝国，首都在君士坦丁堡的叫东罗马帝国。

此后二十五年，中国的东晋灭亡，南朝开始。

半个世纪后，西罗马帝国亡。

罗马的兴亡留下了一大堆问题。比方说，他们为什么能坚持共和制度五百年之久？为什么又不可逆转地走向帝制？为什么成为帝国以后就动乱不止？为什么动乱不止却不崩溃？为什么最后会分裂为东西两半？

同样的问题也可以问大汉：为什么四百年的历史会一刀两断？为什么后来又死而复生？为什么复生之后又终有一亡？为什么汉亡之后是长达三百六十九年的动乱和分裂？

这些都是我们关心的问题。也许，我们回答不了，或者无法给出标准答案。但有一点可以肯定，那就是必须到制度和文化那里找原因。

第三章

制度

称帝之前的王莽低调而谦恭，
他的变法和改制却一败涂地。
直到现在，
人们依然说不清他到底是改革家还是野心家，
革命者还是伪君子，机灵鬼还是糊涂虫。

王莽失败

屋大维成为奥古斯都三十四年后，王莽称帝。[1]

称帝之前的王莽低调而谦恭，尽管他们家可能是皇室之外最显贵的一族。没错，王莽的姑妈王政君是汉元帝的皇后，汉成帝的生母。从成帝时期开始，王家共有九个人封侯，五个人做大司马，堪称炙手可热。

然而王莽却完全没有皇亲国戚的飞扬跋扈、纨绔子弟的声色犬马、豪门大族的仗势欺人。他是一个书生，一个知识分子，甚至一个学问家。他的许多时光是在读书中度过的，学问之好则连政敌们也不否认。

与精神的充实相反，王莽的物质生活极其俭朴。他在王家子弟中鹤立鸡群地安贫乐道，他的妻子甚至因为着装过于简单，而被来访的客人误认为是女佣。

节俭的王莽对老母和寡嫂极尽孝道，对朋友和宾客慷慨大方。皇帝的赏赐都被他分给部下，兄长的遗孤则送去上学，而且在恭恭敬敬拜访这孩子老师的同时，也没忘记给每个同学一份礼物。他甚至因为某人没有儿子，而为这位朋友物色了一个据说宜男的女孩。

结果，自然是“宗族称孝，师友归仁”。

还有一件事情也让他获得广泛好评。他的二儿子王获杀了一个家奴，王莽不但没有包庇，反倒责令其自杀，为这个冤死的奴隶偿命。这在王朝时代，也不容易。

这样的王莽，堪称谦谦君子、道德楷模。

当然，所有这些好评都是在他称帝之前。或者更准确地说，都在他失败之前。当他和他的新王朝被反叛者一刀杀死后，前面说的这些善行便都被解释为做秀，即在公众和他人面前刻意和虚伪地树立形象。

失去了皇冠的王莽只能戴上另一顶草帽：伪君子。

王莽虚伪吗？

看起来是。

我们知道，王莽的皇位，是从一个九岁小孩的手上夺取的，这就已经让人于心不忍。然而王莽还要拉着小皇帝的手痛哭流涕地说：当年周公摄政，最终还政成王。我迫于皇天威命，竟不能如愿以偿，悲哀呀！

这在许多人看来，就是鳄鱼的眼泪，假惺惺了。

谴责并非没有道理，事情也并不复杂。只要把王莽的故事梳理一遍，就多少能够发现点什么。

王莽是在汉哀帝驾崩后真正开始执政的。此时，从王政君的哥哥王凤以“大司马大将军领尚书事”的名义辅政算起，王家已经积累了三十年的权势。于是，王莽和太皇太后王政君让一个九岁的孩子继承皇位，是为汉平帝。

众望所寄的王莽也重新担任大司马。此前，他被汉哀帝及其外戚排斥，曾经一度失去了这个职位。

一年后，王莽加封为安汉公。

三年后，又加“宰衡”称号。

到第五年，十四岁的汉平帝突然神秘地死去，民间传说是王莽毒杀的。这其实未必可靠。靠得住的，是他又立了一个两岁的孩子当皇帝，史称孺子婴。

王莽自己，则成为“假皇帝”，又称“摄皇帝”。

此事的直接起因，据说是在武功县的一口井里发现了一块白石头，上圆下方，象征着天圆地方。而且石头上还有一行红字：告安汉公莽为皇帝。

太皇太后王政君倒是不信这一套。不过，当王莽的党羽告诉她这只是要让王莽当假皇帝，王莽自己也信誓旦旦表示只做周公时，老太太心软了。

此后，神迹和符瑞不断出现。公元 8 年 11 月的某个黄昏，一位穿黄衣服的人出现在高皇帝刘邦的庙中。他留下了一个铜盒，里面的图文明确表示王莽该当真皇帝。

王莽决定服从天意，做真天子。

现在看来，这无论如何都是一场戏，而且比屋大维的演出差得多。但问题在于，我们又怎么知道，王莽起初就一定不是想学周公呢？又有谁能证明，他对于天命所归和神秘预兆，就一定不当真呢？

何况民意似乎也看好王莽，他当宰衡那年，上书拥戴的吏民据说竟有四十八万七千多人次，这在当时可是天文数字。

然而王莽失败以后，这些人又到哪里去了？似乎一夜之间全都变成了另一副嘴脸。

成王败寇。在道德评价和舆论领域，也难免。

不过，王莽毕竟背叛了只做周公的誓言，这让他永远摆脱不了作伪的嫌疑。问题是作伪者必有所图，否则完全犯不着。那么，王莽图的又是什么？

实现政治理想。

王莽称帝之后，改革全面展开。他愤怒声讨过去几十年的不公平，下令大地主将超过法定数量的田产分给农民，禁止土地和奴婢的买卖，稳定物价并提供低息贷款，削减官员的薪水，降低王侯的规格，实行盐、铁、酒类和铸铜的国营。

他自己也以身作则，减少了宫廷的开支。

这就是王莽的变法和改制。毫无疑问，他的动机应该是良善的，难怪有人称他为“最早的社会主义者”。

然而结果怎么样呢？

一败涂地。

失败是必然的，因为根本就不切实际。且不说他得罪了多少既得利益者，也不说许多理想其实不过是幻想，单是货币改革就导致了经济混乱。王莽废除了通行已久的五铢钱，改为金、银、龟、贝、泉、布等货币，币种多达二十八个。结果农商俱损，经济萧条，民怨沸腾。

◎西汉五铢钱范及各种钱币　　据翦伯赞《秦汉史》。

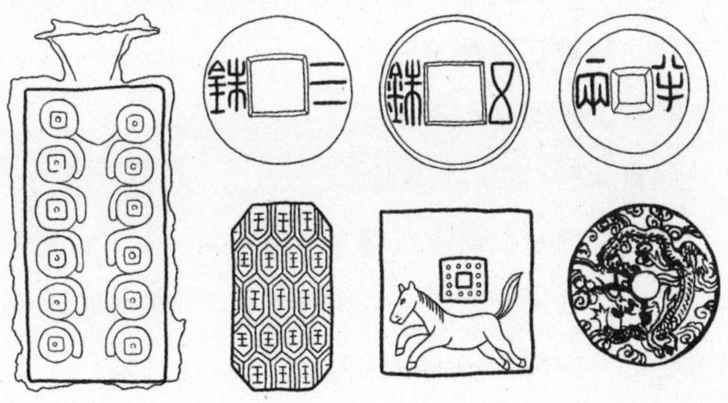

老天爷也不帮他的忙，自然灾害频频发生。走投无路的农民揭竿而起，不甘失败的旧族趁火打劫。两股力量加在一起，王莽就被送上了断头台。

一个情商和智商看起来都很高的人，居然会犯如此低级的错误，做如此荒唐的事情，实在令人费解。因此直到现在，人们依然说不清他到底是改革家还是野心家，革命者还是伪君子，机灵鬼还是糊涂虫。

但要说他是书呆子，则毋庸置疑。

王莽的书生气比比皆是，最突出的表现是他对改变制度的痴迷。班固就说，王莽以为只要确立制度，天下自然太平。因此一门心思制礼作乐，坐而论道，议而不决，置民生、诉讼、吏治等当务之急于不顾，岂能不败？

其实就连这种说法，都抬举了王莽。实际上他的某些改革，与其说是改制，不如说是更名。比方说，把两位财政部长的官名改成神话人物的名字，负责朝廷财政的大司农叫羲和，负责宫廷财政的少府叫共工。

这简直就是视政治如儿戏。

看来，王莽根本就没有真正读懂孔子，也不知道什么叫正名。他书生气十足地以为只要改个名字，所有事情都会发生根本变化，他的理想也就能够实现。

事实证明，王莽错了。

实际上，制度固然重要，却不是最重要的，也不是决定性的，更重要的是人与制度的关系。这种关系包括三个方面：一是这种制度是否符合国情和民意，二是这种制度是否符合文化传统，三是制度的制定者和执行者是否能够与之融为一体。合则成，不合则败。

这一点，看看屋大维就知道。

屋大维成功

屋大维几乎天生就跟制度融为一体。

实际上，屋大维做的事情比王莽严重得多。王莽只是换了个人当皇帝，屋大维却彻底改变了政体。从这个意义上讲，王莽只是篡位者，屋大维却是革命者。

然而屋大维的结局却比王莽好得多。他不但成功地把共和变成了帝制，新政体居然还延续了五百年。

这又是为什么？

根本原因在时势，直接原因在方式。

我们知道，王莽其实也是想革命的，只不过他要做的事情是恢复周制。但他哪里知道，秦皇汉武之后，周制的恢复已断无可能。因此王莽拿着一本《周礼》搞改革，在他自己是替天行道，在历史眼中就是倒行逆施。

罗马的情况则相反，共和制度早已不再符合国情。因为按照这种制度，人民大会才是最高权力机关；而罗马的人民大会，在理论上是必须全体公民参加的。

然而到恺撒的时代，共和国已经拥有十八行省。到公元前 28 年，也就是屋大维成为奥古斯都的前一年，拥有罗马公民权的成年男子已经超过四百万。这么大的地方，这么多的人，怎么召开人民大会呢?

唯一的办法是实行代议制，即由人民选举代表，由代表组成代表大会，代表人民行使权力。可惜，这种制度很久以后才被发明出来，当时也没有这个灵感。事实上，代议制在英国首先产生，要到一千九百年以后。

这个问题后来由屋大维的改革勉强得到解决，办法是异地投票。可惜，住在行省的罗马公民是否当真享受了这一权利，已无从查考。但即便十八行省都异地投票，以当时的通讯工具和交通条件，效率之低也可想而知。

仅此一项，就得改制。

何况还有战争。

战争对于罗马极其重要。因为只有战争，才能让罗马成为霸权国家和世界首都，也才能让罗马公民获得财富和荣誉，并保持罗马社会的热情洋溢、生机勃勃和团结一致。对于这一点，人民和元老院都心知肚明。

然而要战争，就得有独裁官。战争的时间如果越来越长（这几乎是必然的），独裁官的任期也就不能再是六个月。苏拉开无任期独裁官之先例，这是原因之一。

独裁官没了任期，对执政官的权力限制（包括任期和人数），也就没有了意义。顶层（执政官）和基层（老百姓）都变了，只剩下元老院死撑着，也没意义。

帝国制度，已是呼之欲出。

即便如此，屋大维仍然小心翼翼。

屋大维实在比王莽聪明得多，他很清楚有些东西是不能触动的。罗马人民已经做了五百年国家的主人，一旦突破他们的底线，死无葬身之地的就是自己。

那么，哪些是不能有丝毫冒犯的？

主权在民，共和政体。

第一条是罗马建国以来就有的观念，而且一直贯穿到帝国灭亡。也就是说，罗马人始终认为，国家的主权属于人民，元老院和罗马人民才是最高统治者。唯其如此，他们的国家才会叫做 SPQR（元老院和罗马人民）。

主权在民，是罗马人的生命线。

共和政体则是他们的骄傲。罗马人从来就不喜欢民主政体，也瞧不起希腊。在他们看来，正是民主制度让希腊走向衰亡，雅典则充其量是一个反面教员。

相反，罗马的共和政体却无比优越：执政官、元老院和人民大会，分别对应着君主制、贵族制和民主制。三种制度融为一体，既能集中优势，又能去其弊端，天底下还有比这更好的吗？

似乎没有。

因此，屋大维必须极其尊重罗马人民的这份感情，也必须明确表示他只是一个受到委托的公务员，他的一切权力都是元老院和罗马人民授予的。现在任务已经完成，请诸位收回权力，他什么都不要。

或者说，只要一个称号：奥古斯都。

奥古斯都不是国王，更不是皇帝，只是一个称号，甚至外号，意思是英明的和尊敬的，跟可爱的、幸运的、伟大的、战无不胜的等等，没什么区别。

当然，他也没有皇冠。在戴克里先之前，所有的罗马皇帝都没有皇冠，也没有加冕仪式。屋大维的头上则只有公民冠，这是有战功的将士都可以戴的。

元老院和罗马人民，都放心了。

屋大维的这一系列动作，书呆子王莽肯定看不懂。准备做皇帝的人，怎么能只要虚名不要实权呢？

其实这都是虚晃一枪。屋大维还给元老院和罗马人民的，看似实权其实虚名。是啊，人民大会早已名不副实，元老院

◎奥斯提亚棺雕残片上的罗马元老

该棺建造于公元270年左右，现藏于罗马国立博物馆。

◎SPQR

意大利卡比托利欧广场上卡斯特与帕勒克雕像基座。

则在裁员以后又减少了会期。真正的决策机关和权力机关，是一个拉丁文缩写为 CP 的机构。

这个机构的名字不好翻译，但性质很清楚。第一，它的权力与元老院相当；第二，没有休会期；第三，它是围绕元首建立的。因此，有人认为它相当于元老院的常委会，有人认为它相当于元首的顾问团，还有人认为它相当于中国明代的内阁、清代的军机处。

屋大维的 CP 由二十一人组成，其中六个是屋大维的亲信，十五个来自元老院。这让元老院十分放心，因为他们的人占绝对多数。可惜他们没有想到，这十五个元老院委员是抽签产生的，哪里对付得了齐心协力的那六个？

何况屋大维作为执政官，还有否决权。

元老院被架空了，他们却还为屋大维鼓掌。

屋大维却意犹未尽，他还要改革行省。按照屋大维的方案，行省被分成了四种：意大利是罗马本土，埃及是元首私属，剩下由元老院任命总督的叫元老院行省，由元首任命总督的则叫奥古斯都行省。元老院行省都是经济发达地区，奥古斯都行省则是欠发达地区。

元老院非常满意，可惜他们又上当了。

没错，屋大维拿到的都是穷山恶水，却同时也是边防前哨。其实这些行省贫穷，就因为在前线。是前线，就要调兵遣将。那么，谁来调遣？当然是屋大维，因为那是他的责任区。至于元老院行省，是不打仗的。所以，元老院也不需要兵权，全国的兵权只能集于屋大维一身。

现在，屋大维还给元老院的权力，又都被元老院还了回来。而且，由于是元老院的授权，完全合法。

屋大维革命成功。

成功并不奇怪，因为他会曲线救国，因为他会暗度陈仓。他的每一个行动都是合法的，但每一步都导致了法律和制度的改变，加起来则会引起质的变化。

时势让屋大维必然成功，方式则让他顺利成功。

审时度势又顺势而为，这才叫高手。

只不过，这种高超的政治技巧和卓越的政治才能，并非屋大维的天赋，更非他所独有。在某种意义上，应该说属于罗马人民。事实上，早在屋大维出生四百多年前，罗马人就已经学会了合法斗争，并因此而创造了他们独特的制度和文明，让我们叹为观止。

那就来穿越一次吧！

共和的精神

公元前 494 年的某一天，准备集结部队迎战外敌的执政官突然发现，他的兵力少了许多。那些由平民组成的军团整队地撤离了罗马城，拒绝参加这场战争。

这当然让人惊诧，却也事出有因。

起因在社会的不公。当时的罗马社会由贵族和平民两大阶级组成，两个阶级之间等级森严，极不平等。贵族把持了城邦的政权，平民不能成为元老院议员，也不能与贵族通婚，跟元老院选举的执政官更是无缘。

这实在欺人太甚。要知道，平民也是公民，公民有义务也有权利。义务是保家卫国，权利是参政议政。义务和权利是对等的，哪有只尽义务不给权利的道理？

因此，要么拥有权利，要么不尽义务。

然而这个合理要求却被贵族组成的元老院拒绝。交涉无果之后，平民决定一走了之。

撤离罗马的平民来到一座山丘，宣布要在那里另建城邦，召开自己的人民大会，选举自己的执政官。是啊，既然不能享受同等国民待遇，那就各过各的好了。

贵族们目瞪口呆。他们虽有能力治理城邦，却没有能力离开平民独自保卫它，只能妥协。

妥协的结果，是平民有权选出自己的代言人。

这个代言人，叫保民官。

保民官的设立妙不可言，他拥有的特权更让我们惊叹罗马人思维的缜密。为了防止打击报复，保民官享有执政官都没有的人身不可侵犯权。同时，为了确保平民的权益不受侵犯，保民官享有对政府决议的否决权。

也就是说，只要保民官说一声“我反对”，元老院和执政官就只能干瞪眼。难怪恺撒和屋大维都要担任终身保民官了，他们要的就是这两项特权。

此后，平民又取得了一系列的胜利，包括可以担任执政官、独裁官、监察官和大法官。退下来后，还可进入元老院。阶级壁垒被打破了，罗马成为全民的国家。

平民可任大法官，是在公元前 337 年。六十多年后，罗马征服了意大利。再过三四十年，罗马打败了迦太基，建立

◎公元前 494 年罗马平民的撤离运动

据巴洛西西尼 1849 年雕塑。

起第一个海外行省西西里。蕞尔小邦罗马终于渡过了危机茁壮成长，因为他们学会了妥协，构建了和谐。

因此，尽管罗马跟雅典、斯巴达一样也是城邦，还起步更晚，也尽管那两个城邦都曾称霸一时，却只有罗马脱颖而出，超越城邦变成大共和国，最后成为大帝国。[2]

这足以让罗马人骄傲。

更为重要的是，他们从此有了一种精神。正是这种精神，使罗马文明成为全人类的共同财产。

这种精神就叫共和。

所谓共和，就是不同族群、阶级和利益集团的和谐相处，共谋发展。这当然很难，许多文明就因为不能做到而崩溃。做到了这一点的，最早是中华，其次是罗马。唯其如此，中华和罗马才在公元前一二百年成为世界性文明。

两大文明的共同特点是开放和包容，也都有强大的吸收能力和同化能力，这才形成当时世界上最大的两个文明圈。只不过，这种海纳百川的精神和兼收并蓄的能力，在中华可能是一种胸怀，在罗马则是一种智慧。

的确，历史上的罗马人似乎天生就有一种本事，能以最适当的方式和最低的成本，为自己争取到最大的合法权益。在这种斗争中，他们绝不会把事情弄得不可收拾，同时又能分毫不差地讨价还价。

平民撤离运动，就充分体现了这一点。

实际上抗争的平民一开始就没打算把事情弄僵，因此他们没有选择揭竿而起或是投入敌营，而是退出战场。当然，在贵族做出双方均可接受的让步后，撤离的平民也立即回到了罗马，并很快就组建了参战的军团。

这可真是有理，有利，有节。

贵族的表现同样可圈可点。他们明智地放弃了自己的部分特权，以此作为平民同意合作的交换条件。当然，放弃是逐步的，撤离运动也有过多次，但结局总算不错。

其实越到后来，贵族与平民的界限也越模糊。君子之泽，五世而斩；小人之泽，也五世而斩。有的贵族会沦为贫民，有的平民会成为新贵。更重要的是，罗马人的共同体意识很强。如果需要一致对外，他们就会和衷共济。

这就好办了，因为罗马从来不缺敌人。

于是，平民和贵族终于携起手来，共同倡导和培养全体公民的民族自豪感，以及爱国主义精神。而且，随着罗马国际地位的提高，这种爱和自豪感还会更强烈。

罗马人为什么能坚持共和制度五百年之久？

这是原因之一。

实际上罗马精神最精彩的一笔，就是制度设计和权力架构。要知道，构成罗马国家的人民、元老院和执政者（执政官、独裁官或奥古斯都）虽然号称三位一体，但这三位的政治利益和心理诉求却并不一体。人民要民主，元老院要尊贵，执政者则希望权力越多越好。

这就只能讲价钱，好在他们很快就理顺了关系：人民授权但不决策，元老院决策但不行政，执政者行政但只有治权。主权是元老院和人民的，他们才是国家的主人。

所以，即便在帝国时代，元老院和罗马人民的权威至少也得在表面上维持。新皇帝登基，先得向元老院发表就职演说，然后再向市民演讲一次，还要前往神殿祈求诸神的保佑。完成这三个程序，他才是合法的皇帝。

这样的罗马，已经非常接近现代文明国家。

精彩的还有国际关系。

跟世界上所有的帝国一样，罗马也是靠武力来征服世界的，这就有一个与战败国的关系问题。如何处理这种关系，对征服者的境界、胸襟和政治智慧都是考验。

亚述和迦勒底（新巴比伦）就不说了，他们的疯狂掠夺、血腥镇压和残暴统治，引起的只是更强烈的反抗。波斯帝国虽然表现出最大的仁慈和宽容，却只知道把设为行省的战败国当作提款机，忘记了把他们变成自己人。

做得最好的，是罗马和中国的周。

周人和罗马人的高明之处，是与同盟国和战败国组成共同体，同谋发展、共享太平。只不过，周人构建的是“文化共同体”，只要认同周文明，就能由夷狄变成华夏。正是由于这种文化认同，我们民族才不断发展壮大起来。

罗马构建的则是“政治共同体”。他们甚至主动邀请战败国的头头脑脑加入元老院，就像汉武帝让匈奴人金日磾成为他的顾命大臣。结果，被征服的蛮族成为这个国家的共同经营者，甚至战场上的主力军。

当然，一旦打了胜仗，大家也都有利可图。早期的做法是：罗马人拿走战利品的一半，剩下的按劳分配。也就是说，罗马人是大股东，归顺的战败国也是合伙人。

这可真比威尼斯商人还精明。

然而政治恰恰是一种智力游戏，文明则是尽量巧取而避免豪夺。如果还能化敌为友，那就堪称功德无量，因为和平总归好过战争。幸运的是，中国人和罗马人都有这种智慧，两大文明独步一时也绝非偶然。

因此，在充分了解了中华的方式后（请参看本中华史第三卷《奠基者》），我们很想知道罗马人是怎么做的。

法治天下

在世界历史上，中华和罗马都堪称独树一帜。其他那些帝国，亚述、迦勒底、波斯、马其顿，都由一个或几个伟大征服者建立，中华却由邦国而帝国，罗马则由共和国而帝国。也就是说，他们都是自己成长的。

成长需要土壤，也需要力量。那么，中华文明与罗马文明的土壤和力量又是什么？

中华是礼，罗马是法。

正如在中国，失礼或非礼会导致严重的后果，罗马人也把违法看作不可原谅的行为。他们宁肯吃亏、失败甚至掉脑袋，也不肯违法。恺撒被杀后，西塞罗曾提出尽快召开元老院会议，以巩固成果。而且，刺杀集团的主要成员布鲁图身为大法官，恰好有此权力。

这位布鲁图是共和国第一任执政官布鲁图的后代。

不过按照法律规定，大法官只有在两位执政官都无法召集会议时，才能行使这项权力。这时，一位执政官恺撒已死，另一位执政官安东尼却还在罗马。因此，布鲁图犹豫再三，最后还是拒绝了西塞罗的提议。

布鲁图说：这是违法的。

这事听起来十分怪异，因为行刺恺撒的布鲁图原本是杀人凶手。而且，恺撒作为终身保民官，享有人身不可侵犯权。也就是说，布鲁图已经双重意义地犯过法了，再违一次法又有何不可呢？何况还是为了国家。

然而布鲁图就是不肯，以至于坐失良机。

这事如果发生在中国，恐怕只能解释为迂腐，但在罗马则会得到尊重。因为刺杀恺撒是可以理解为战争的，即共和国与破坏共和的国家敌人之间的战争。战争当然要死人，法律也不保护公敌，布鲁图心安理得。

开会则不一样。召集元老院会议，原本因为只有元老院的决定才是合法的。如果会议本身违法，那么这决定还能合法吗？依靠非法会议重建的共和，是罗马人民想要的吗？这岂非重新回到了恺撒的人治路线？

可惜布鲁图没有想到，把恺撒视为国家的敌人，只是他们自己的看法，元老院并没有宣布恺撒是人民公敌。所以他们的刺杀仍属非法，必须被判有罪。

布鲁图也只好自杀。

法治观念如此之强，在全世界当数第一。

这当然其来有自，甚至可以追溯到西亚文明，但公元前494年的平民撤离运动也功不可没。因为正是在这场运动之后，罗马迫于平民的压力开始了成文法的制定。首部法典刻在了铜板上，因此得名《十二铜表法》。[3]

以法治国，正式开始。

最早制定的是为本国公民颁行的法律，即公民法，亦即国内法。后来版图扩张，人口众多，外族和异邦也在罗马的统治之下，又制定了世界各民族的共同法律，叫万民法，亦即国际法。最后，这两大法律体系被合在一起，叫统一法。其成果，就是《民法大全》。

这时，已是东罗马帝国时期了。

罗马法在世界古代社会，堪称最为系统完善。它包括两大部分：公法和私法。公法是关于政府的，私法是关于个人的。私法与公法相比，私法更重要。

私法分为三个部分：人法、物法、诉讼法。这三个部分当中，人法又最重要。人法规定了什么是法律意义上的人，条件是具备人格，享有权利，承担义务。符合这三个条件的就是人，不符合的就不是人。

◎《十二铜表法》

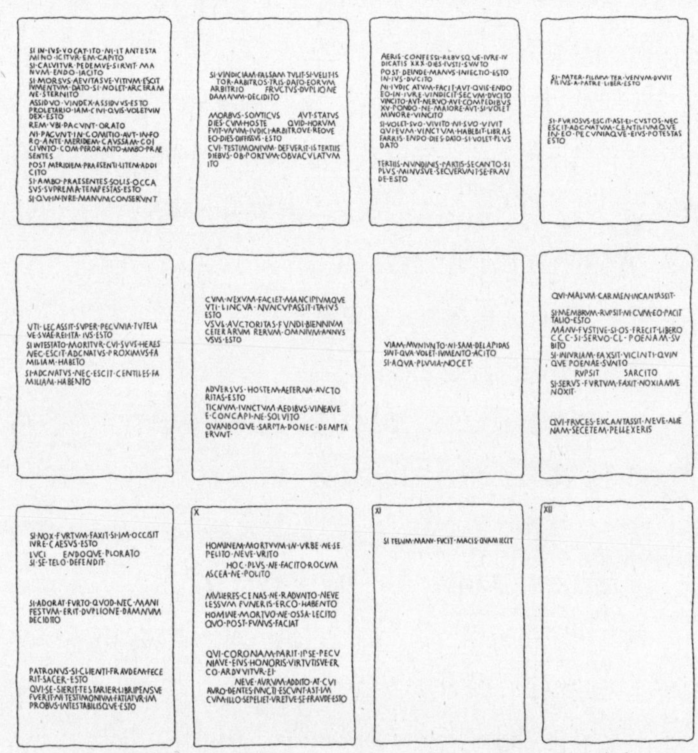

《十二铜表法》于公元前 451 年由古罗马十人委员会起草，至公元前 449 年完成，是罗马第一部真正的法典。该法典镌刻于青铜之上，公开展示。

据罗马文明博物馆《十二铜表法》复制品。

奴隶不符合这三个条件，所以奴隶没有人权。

人权在罗马法当中就是身份权，包括自由权、家族权和公民权。有自由权，就是人；有家族权，就是男人；有公民权，就是罗马人（请参看本中华史第二卷《国家》）。

在罗马，这三种身份权是可以分开的，因此也可以部分或全部丧失，叫人格减等。丧失家族权叫小减等，从此不是男人；丧失公民权叫中减等，从此不是罗马人；丧失自由权叫大减等，从此人格尽失，不再是人。

这就是罗马的法定人权。

人权既然是法定的，那就不是天赋的，因此可以依法授予或剥夺。如果被授予公民权，就有了罗马公民的权利和义务；被剥夺自由权，则从自由人变成了奴隶。

没人愿意失去人权，所以谁都不敢以身试法。

执政官和皇帝也一样，他们害怕的是元老院。元老院虽然没有行政权，只能对执政者提出建议和忠告。但是他们手上有一张王牌，叫“元老院最终劝告”。如果接到这份通牒还不改悔，元老院就可以宣布他为人民公敌。

结果怎么样呢？全民共讨之，全国共伐之。

对于这项能够制衡权力的权力，元老院当然不会轻易放弃；而只要元老院的这个功能还在，罗马就很难从共和走向帝制。后来屋大维革命成功，是因为苏拉和恺撒改造了元老院，他自己则给足了元老们面子。

当然，根本原因如前所述，是时势使然。

但，即便从共和国变成了帝国，罗马也仍然是一个法治国家。公元 100 年 9 月，执政官小普林尼在元老院发表就职演说时，就对坐在会场中的皇帝图拉真说：皇帝不应该在法律之上。相反，他应该在法律之下。

王在法下，罗马人早就懂了。

战败国和他们的臣民，当然也如此。

前面说过，中国的周和罗马在处理国际关系时，都极具政治智慧地与同盟国和战败国组成了共同体，把对立面变成了自己人。但，这绝不意味着一视同仁。相反，那些战败国和同盟国，关系有远近，权益有寡多。

也就是说，共同体内是有等级的。

周人的等级叫五服，分别是甸服、侯服、绥服、要服和荒服。其中离王城最近的叫甸服，最远的叫荒服。实际上，一个诸侯国如果属于荒服，已经是“地老天荒”了。他们往往仍被视为蛮夷，对周王室应尽的义务也最少。

罗马也是五等，分别是罗马、加盟国、自治国、殖民地和同盟国。跟周人的五服一样，这也是一个权利和义务同步递减的序列。罗马人拥有的权利最多，应尽的义务也最大，同盟国则相反。

当然，这是罗马在联盟时代的事情。后来，战败国也像在波斯一样被设为行省，治理的方针却一如既往：根据关系的亲疏和表现的好坏给予不同的权益。

罗马手中的牌，是公民权。

公民权不是基本人权，因此可以授予。一旦被罗马授予公民权，就意味着这个人的私有财产和人身安全将受到法律保护。如果被侵犯，罗马政府不会坐视不管。

这当然令人向往，谁不想靠上罗马这棵大树呢?

罗马的方针却是分而治之，有的授予罗马公民权，有的授予拉丁公民权（没有选举权和被选举权），还有一些干脆没有公民权。不过，他们也享有充分的自由，可以保留自己的宗教和习俗，也不用学拉丁语。

这才真是和而不同。

难怪其他帝国都灭亡了，罗马却稳固而持久。

可惜法律并不万能。西塞罗和布鲁图也不会想到，屋大维可以在法律的框架下，用共和国的砖瓦梁柱建造他的帝国大厦，而且这大厦有一天还会倒掉。

后面这一点，屋大维也没有想到。

罗马之亡

帝国的首都罗马花香四溢，祥云笼罩着高大宏伟的万神庙、富丽堂皇的凯旋门。当清晨第一缕阳光照在广场当中的金色里程碑上时，“条条大路通罗马”就从这里启程。

罗马，确实是他们世界的中心。

然而在中国南北朝时期那个多事之秋，这座美丽的城市被彻底摧毁。公元410年，西哥特人攻陷罗马，洗劫三天三夜。455年，罗马再次沦入敌手，汪达尔人整整洗劫十五天，把罗马变成了董卓铁蹄下的长安和洛阳。

公元476年，帝国最后一个皇帝被日耳曼雇佣军将领废除。具有讽刺意义的是，这位年幼无知的皇帝竟有一个令人咋舌的名字：罗慕路斯·奥古斯都。可惜，这两位伟大先祖的在天之灵，也没能挽救罗马的衰亡。

太阳落入了地中海，再也没能升起来。

当然，这里说的是西罗马帝国。东罗马帝国要到 1453 年才被奥斯曼土耳其人灭亡。但，罗马是从城邦发展起来的。首都不在罗马，还可以叫罗马帝国吗？

所以，从君士坦丁迁都之日起，它就灭亡了。

其实罗马很早就不再像首都。公元 284 年戴克里先登上帝位后，居然十九年不造访罗马。直到 303 年，他才在罗马举行了一次凯旋仪式，罗马市民和元老院也才第一次见到皇帝陛下。而且，这也是最后一次。

首都不像首都，元老院也不像元老院。

前面说过，元老院是罗马真正的权威和灵魂。之所以如此，不仅因为法律的规定，更因为元老院是由精英们组成的。唯其如此，才能最大限度地保证不做错决定，不选错执政官。这是贵族们要把持元老院的正当理由。

后来，平民也可以进入元老院，但那也是平民当中的精英。于是，贵族政治变成了寡头政治。寡头政治是有好处的，那就是不至于让国家事务陷于无休止的争论。而且这些大佬既然将国家视为己有，他们也不会卖国。

为此，罗马有两条法律规定：第一，一旦成为元老院议员，任期就是终身的。第二，为了保证一心为公，也为了防止以权谋私，元老院议员不得经商。

可惜权欲和物欲同为人的本能，不能亲自经商的议员便把自己的产业交给了骑士。骑士原本是罗马军团中富裕的公民，可以自备马匹参加战斗。不过现在徒有其名，只能去充当议员的代理人、承包商，甚至皮条客。

议员们是什么德行，也就可想而知。

元老院开始腐败。公元前 113 年，也就是张骞去世的第二年，努米底亚国王因为向罗马将领行贿，而被传唤到罗马。但他却用同样的方法，让元老院做出了免于出庭作证的决定。于是这位国王用轻蔑的口气说：在罗马，没有什么是不能用钱买的。

腐败的还有罗马市民。

市民的腐败事出有因。作为奴隶制国家，罗马主要依靠奴隶从事劳动。鼎盛时期，罗马城一百万人口中，奴隶就有四十万。这就使大量平民成为无业游民，不但变得越来越贫穷，也成为社会的不安定因素。

当局的办法是用小恩小惠来收买人心。供应给市民的面包是免费的，节假日在一年之中有九十多天。无所事事的市民们便在圆形剧场、大竞技场、公共浴室以及披着红衫的妓女身上消磨时光，一如大清帝国的八旗子弟。

不难想象，由这种游手好闲的街头小混混来组成人民大会，行使民主权力，又会是什么样的光景。

事实上，在帝国的后期，罗马公民对政治已经完全没有了兴趣。他们漠然地看着皇帝们被拥立又被杀掉，漠然地看着自己的军队兵败如山倒，甚至在蛮族入侵时里通外国开门揖盗，兴高采烈又后悔莫及地加入敌人的行列。

这同样并不奇怪，因为罗马城里的贫富差别悬殊。只有近二十分之一的富人住在自己的豪宅里，身上穿的中国丝绸价格相当于同重量的黄金。贫民却只能蜗居在被叫作“伊苏拉”的简易房里，怎么能不怒火万丈？

倒霉的，就只能是他们的皇帝了。

其实帝国末年的皇帝也不怎么样。他们不是骗子就是傀儡，不是篡位者就是冒牌货，而且没有一个能真正掌握帝国的权力。因为他们都是军队拥立的，或者依靠军队上位。水可载舟，亦可覆舟，能左右皇帝的只有军队。

此外，就是对健全男人充满仇恨的宦官。

军队同样堕落。过去，他们是为祖国和自己的荣誉而战，当兵是光荣而体面的事情。因此，罗马让没有公民权的同盟国提供兵源，也算是给了他们面子。现在却是谁给钱就替谁杀人，还能指望他们保卫帝国吗？

何况军队的成分也变了。在元首制时代，罗马军团的主力军是清一色的罗马公民。戴克里先以后，作战会议的大半席位都被蛮族出身的将领占领。他们对于帝国并没有强烈的归属感，能忠于职守已是很有道德。

这就是灭亡前的罗马。

首都不像首都，罗马的优越性没有了。元老院不像元老院，贵族或寡头制的优越性没有了。公民不像公民，民主制的优越性没有了。皇帝不像皇帝，君主制的优越性没有了。所有的优越性都没有了，岂不该亡？

显然，罗马的灭亡，根本原因在于腐化变质。

但，罗马不是有共和精神、法治传统吗？这种精神和这种传统，不是让罗马坚持了共和制度五百年，又让他们在成为帝国之后，虽然动乱不止却并不崩溃吗？为什么还是难逃一死，终有一亡呢？

因为他们没有“道”。

或者说，没有核心价值，没有终极追求。

希腊人是有的，这就是独立、自由、平等。这是希腊文明留下的最宝贵的思想文化遗产。他们的问题在于：有民主无共和。因此，雅典和斯巴达争霸世界，就不但不能如愿以偿，反倒因背叛核心价值而走向衰亡。

中国人也是有的，至少知道自己想要什么和能够要什么。这就是小康、仁政、王道。中国人也不缺乏政治智慧，因此总能在现实与理想之间找到平衡。可惜王道只是梦想，仁政则要碰运气。结果，是治乱循环。

◎公元 2 世纪奥斯提亚地区的伊苏拉

伊苏拉为罗马城市下层人民的住宅，多为泥砖与木材所制。通常有六到七层，最高可至九层。楼层越高，面积越狭窄。伊苏拉的居住环境通常是拥挤脏乱的。据埃塔罗·基兹莫第《现代拉丁式住宅之起源》。

罗马人却没有治国之道。他们优越的制度和高明的手法都是技术性的，也都只是为了现实的利益。就连他们的宗教（如果也能算作宗教的话），也缺少犹太教那样的思想光辉和神圣使命。于是到后来，罗马人自己也不知道到底要什么，只能夜夜笙歌，不能天天向上。

也许，君士坦丁已经意识到了这一点，这才乞灵于基督教，希望这种新的宗教能给他的臣民以精神的支柱和境界的提升，至少也能像中国的儒学那样，让大家有一个安身立命之所，尽管他并不知道儒学为何物。

但，信仰真是必需的吗？

如果是，它能靠公权力来建立吗？

依靠公权力发展起来的基督教，真是救世主吗？

如果是，罗马为什么会亡？

看来，我们还得再读历史。

第四章
信仰

狄奥多西是第一个
向教会公开忏悔的罗马皇帝，
也是把基督教定为国教的人。
在他死后，
罗马帝国分裂为东西两半，
罗马精神也消失殆尽。
所以，他是基督教的大功臣，
也是罗马帝国和文明的掘墓人。

我们为什么没有信仰

跟中国一样，罗马人原本也没有信仰。

创造了世界性文明的罗马人，是在一张白纸上画出宏图的。早期一千多年间，他们岂止没有信仰，就连神，也有不少是从希腊进口或与希腊合资，比如天神朱庇特、天后朱诺、爱神维纳斯、月亮女神狄安娜，其实就是希腊的宙斯、赫拉、阿芙洛狄忒和阿尔忒弥斯。

何况有神不等于有信仰。

什么是信仰？信仰就是对超自然、超世俗之存在坚定不移的相信。这里面有三个条件：第一，相信；第二，坚决相信；第三，相信的对象既不属于自然界，也不属于人类社会，这就叫超自然、超世俗。

三个条件缺一不可，第三条最重要。

为什么？

因为只有这样的存在，才需要信仰。事实上，这个存在如果属于自然界，就可以用科学实验来证明；如果属于人类社会，则可以用日常经验来证明。现在既不能靠科学实验，又不能靠日常经验，又该怎么办呢？

只能信仰。

这个道理，德尔图良说得最清楚。

德尔图良是罗马帝国基督教的领袖人物之一。他曾经这样说：上帝之子死了，虽然不合理，却是可信的；埋葬以后又复活了，虽然不可能，却是无疑的。

不合理而可信，不可能而无疑，岂非荒谬？

当然。

于是德尔图良说：正因为荒谬，我才信仰。[1]

这真是透彻至极。

那么，这样一种必须坚信的荒谬，又有什么必要呢？

安顿灵魂。

我们知道，人是要有一点精神的。人的眼睛不能像猪和鸡一样，只盯着面前的食槽。就算他衣不蔽体，食不果腹，走投无路，也得问个为什么。我为什么会这样？是命运吗？是环境吗？是性格吗？谁能决定我的前途？是自己吗？是社会吗？是神秘而不可知的力量吗？

答案可以有多种，终极之问却只有一个。

比如你可以说，我之所以这样都是因为我自己。那么请问，你为什么会这样？社会和环境所使然。那么，社会和环境都相同，人和人又为什么不一样？

也可以有两种解释：人各有命或自作自受。如果同意第一种，那么请问：什么是命运？命运归谁主宰？人的命运为什么会是这样，不是那样？

也只有天知道。

当然，你可以回答：命运是自己掌握的，我的命运就是我的选择。那好，你是谁？你从哪里来？你到哪里去？你靠什么掌握命运？你掌握命运的能力从何而来？靠学习吗？为什么有人学不会？靠天赋吗？上天如何赋予？

这就问不下去了，因为此题无解。

实际上，人之所以能够回答某些问题，是因为他有理性和知识。但，理性和知识是有边界的。就算科学可以解释宇宙的起源，也回答不了人为什么幸福或不幸福。

回答不了又希望心安，就只能信仰。

信仰，是人的终极关怀。

因此，正如信仰的对象一定超自然、超世俗，信仰本身也一定超功利、超现实。出于功利目的的任何念头和仪式都不能叫信仰，最多只能叫崇拜。

现在来看罗马和中国。

古代的中国人和罗马人跟世界各民族一样，都相信万物有灵。也就是说，不但人，动物、植物、自然物（比如山和水）都有灵魂。它们的身上和背后，也都有不可知却可控制或可利用的神秘力量。

这就产生了两个结果：占卜和多神。

占卜其实是一种巫术。中国人的占卜有两种，殷人用甲骨，周人用蓍草（蓍读如式）。罗马人也有两种，一种看动物的内脏，一种看鸟类的飞行。如果是军事行动，则看母鸡的进食情况：食欲旺盛则吉，食欲不振则凶。

因此，第一次布匿战争时，罗马舰队的指挥官便特地带了一群母鸡上船。可惜，无法适应环境的母鸡们一连几天都拒绝进食，指挥官则一怒之下把它们统统扔进了大海。指挥官说：既然你们不想吃，那就喝个够吧！

结果，据说此人大败。

显然，这不是信仰，是实用。

多神崇拜也一样。

相信万物有灵的，一般也都相信万物皆有神明。所以在罗马就像在中国，有山神、河神、海神、门神，还有灶王爷和土地公公。对国家和民族有大贡献的人，比如大禹和恺撒，也被奉为神明。鬼神几乎无处不在。

难怪罗马的神殿，叫万神殿。

人多好种田，神多好过年。罗马人因为神明多，节日也多。这些节日有罗马人的，也有外国人的，但无不热闹欢腾。比如 2 月 15 日的牧神节，就会挑选身材健美的男青年赤身裸体一路小跑，用手中的皮鞭轻轻敲打沿途遇见的女人，据说这样就能让民族人丁兴旺。

这当然也不是信仰，是游戏。

罗马人跟希腊人一样喜欢游戏，即便后来信了基督教也如此。于是，情人节被发明了出来，据说是为了纪念被迫害致死的基督徒瓦伦丁。圣诞节也产生了，其实这天原本是异教徒波斯人太阳神的诞辰。

唯独在这个问题上，早期基督教是开明的。

但更重要的，还是要有用。

中国的神佛都是有用的。观音菩萨管生子，赵公元帅管发财，列祖列宗的在天之灵则保佑子孙后代家和万事兴。如果圣母玛利亚救苦救难，也会成为崇拜对象。只要能带来实际上的好处，我们是不忌讳改换门庭的。

罗马的神也一样，众多而且管用：战神马尔斯，谷神刻瑞斯，酒神巴克斯，医神阿斯克勒庇俄斯。可以说有多少行业就有多少保护神，有多少需求就有多少引路人。

但，中国和罗马都没有创世神。

◎罗马万神殿

神殿结构简洁明了，主体呈圆形，顶部覆盖着一个直径达 43.3 米的穹顶，穹顶的最高点也是 43.3 米。顶部有一个直径 8.9 米的圆形大洞，是万神殿唯一的采光点。其圆形主体的前方有一个宽 34 米、深 15.5 米的柱廊，共有 16 根柱子，每根都是用整块的花岗石制成，柱子高达 12.5 米，底部基座的直径有 1.43 米。万神殿是古罗马建筑艺术的结晶，对西方的建筑史发展也有举足轻重的影响。

据安托万·德戈德斯《罗马古建筑》。

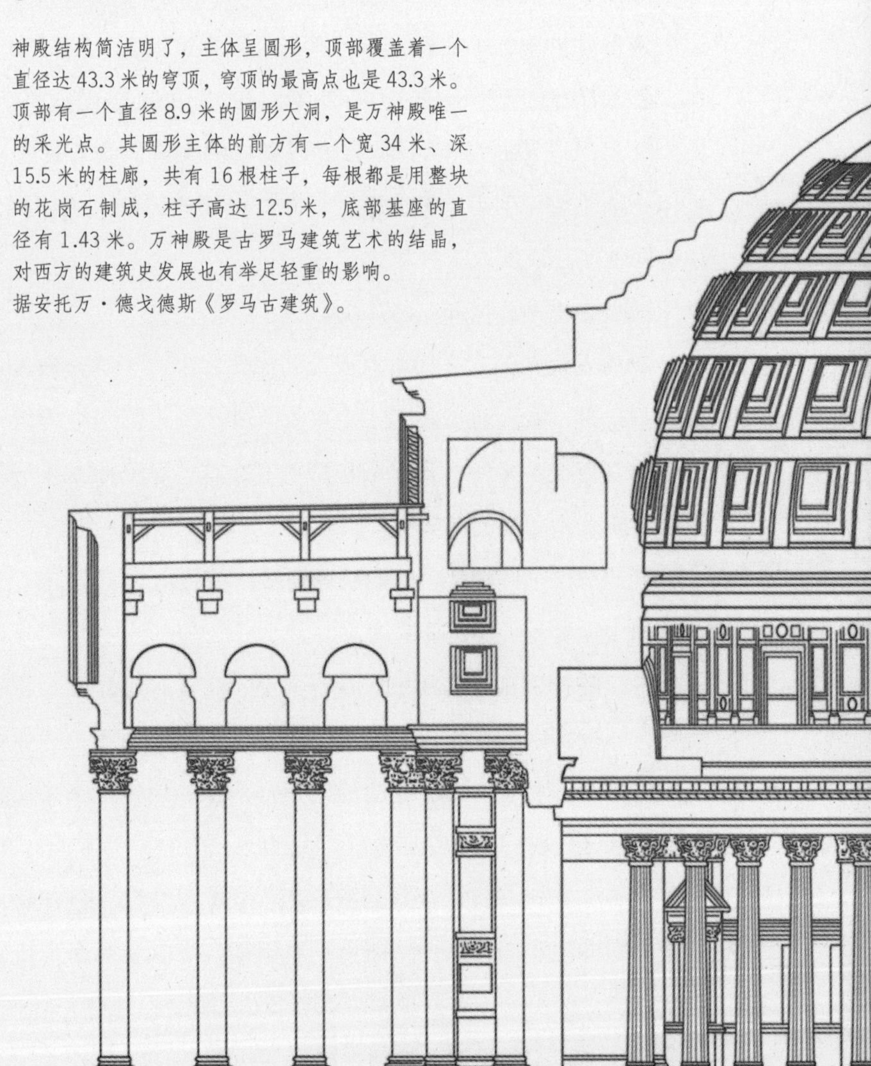

没有是因为不需要。实用主义的原则向来就是只管有用，不问来历。所以，中国和罗马也没有专职的神官，没有神在人间的替身和代表。罗马的神官其实是公务员，中国则只有游方道士和挂单和尚，甚至江湖骗子。[2]

罗马和中国，确实太像了。

只有一点是不同的：罗马的神有着跟人一样的七情六欲和缺点错误。爱神维纳斯和战神马尔斯偷情的故事，就被做成雕塑供人欣赏。作品性感至极，全无神性可言。

原因在于国情的不同。中国人以德治国，诸神必须道貌岸然。罗马人以法治国，便会坦然承认欲望的合理。何况他们的神并不承担道德教化和道德评判的任务。能给人间带来安康和快乐，便已功德圆满。

这实在不好意思叫信仰。

显然，有鬼神未必有宗教，有崇拜未必有信仰。神话可能是宗教的源头，崇拜也可能是信仰的起点。但从这两点出发，却完全可能走到另一条路上去。

比如印度，比如佛教。

佛教：无神的宗教

直到今天，印度也仍然是一个宗教大国。在那里，印度教、伊斯兰教、佛教、耆那教和锡克教长期共存、多元并立，充分体现着印度人经久不衰的宗教热情。但，产生于古代印度又具有世界性影响的，是佛教。

佛教的定位让人头疼。它是一神教吗？显然不是。它们的世界里，有着众多的佛。是多神教吗？也不是。所有的佛和菩萨、罗汉，都不是神，而是人。

那么，佛教莫非是无神的宗教？

不妨探个究竟。

佛教的诞生地在今天的尼泊尔境内。在那个喜马拉雅山麓的密林里，曾经有一个小邦叫释迦。佛教的创始人是这个小邦的王子，名叫悉达多·乔达摩。

他被称为释迦牟尼，是后来的事。

王子的降生充满了神奇。据说，他一生下来就大放智慧光明，照亮十方世界，他的脚下则涌现出一朵朵金色的莲花。王子脚踏莲花向东西南北各走了七步，然后指天画地作狮子吼：六合之内，唯我独尊。[3]

这当然非常靠不住，就连是谁作伪也不甚了然。实际上佛祖的生平并无信史可稽，关于他生卒年份的说法也有六十多种，最早的和最晚的竟相距数百年。

更何况，佛教并不信神。

世界上有两种神。一种是一神教的，即造物主。造物主不但不是人，而且没有形象。另一种则是多神教的，其中虽然也有人在，比如大禹和恺撒，却都是死人。人死为鬼，但对国家和民族有大功德者，则为神。

所以，恺撒不能称帝，却可以封神。

当然，活人脱离凡界的也有，这就是仙。仙是中国独有的，出现也很晚，比如吕洞宾。他们由于得道而肉体飞升，长生不老且有无边法术，可以腾云驾雾、点石成金，自由往来天人两界，有如古希腊奥林匹斯山上的诸神。

其余则是妖魔鬼怪。其中，力量大的叫魔，力量小的叫妖，只不过女的叫妖精（比如狐狸精），男的叫妖怪（比如黄风怪）。但无一例外，都是牛鬼蛇神。

神界，也像尘世一样热闹非凡。

妖魔鬼怪是万物有灵论的产物，诸神则是社会理想和社会生活的投射。这两种观念再加丰富的想象力，就构成了千姿百态、光怪陆离的虚拟世界。

但，这不是佛教的世界。

佛教的世界是以须弥山为中心的。须弥山再加同一日月照耀的四洲，就构成一个小世界。一千个小世界，为一个小千世界；一千个小千世界，为一个中千世界；一千个中千世界，为一个大千世界，又称三千大千世界。

这是非神的世界。

释迦牟尼也不是耶和华、恺撒或吕洞宾。他就是一个真人，一个活生生的人，并在八十岁时死去。他也不是死后封神，因为活着的时候便已成佛。

那么，什么是佛？

佛就是佛陀，意思是觉悟者。释迦牟尼，则是释迦族的圣人。这就像我们把孔丘称为孔子，孟轲称为孟子，不过表示尊敬，并无神性和神格。何况这样的觉悟者当时也不少，成为佛祖则仅仅因为他创立了佛教。

这又是一个传奇故事。

据说，二十九岁出家之前，悉达多·乔达摩虽然贵为王族，且有娇妻爱子，却并不幸福。也许，不是他自己不幸福，而是感到人类不幸福。有一天，他出王城四门，碰巧分别看见了生老病死四件事情。于是他发现，生育、衰老、疾病和死亡将贯穿人的一生，而且无不痛苦。

这可真是苦海无边，却不知如何回头是岸。

年轻的王子决定离家出走。他剃掉了自己的头发，开始了对真理的追求。在四处流浪并百思不得其解之后，他在一棵无花果属的树下立誓：不成正觉，不起此座！

这棵树，叫菩提树。

悉达多·乔达摩就这样苦思冥想。终于有一天，他豁然开朗，悟得了无上正等正觉。据说，这是一种能够觉知一切真理，了知一切事物，从而无所不知的智慧。这种智慧也叫般若（读如波惹），通过修习所要达到的最高境界就叫涅槃，获得般若、实现涅槃则叫波罗蜜多。

需要说明的是涅槃。涅槃又叫寂灭，因此往往被误认为死亡。其实涅槃只是欲望的寂灭，得到的则是灵魂的安静。这需要大智慧，这个大智慧就是般若。

智慧的力量是无穷的。有此大智慧，就能从此岸到达彼岸。此岸就是生死迷界，彼岸就是涅槃解脱。至于方式和途径，则有八正道以及戒定慧等等，不一而足。

一整套思想体系和修行方式就这样建立起来。

释迦牟尼立地成佛。

成佛以后的释迦牟尼开始转法轮（传教），因为他要普度众生。而且他告诉我们，成佛的关键在于觉悟。只要做到自觉、觉他、觉行圆满，人人都可以成佛。

◎初转法轮

据公元 2～3 世纪犍陀罗地区灰片岩雕，描绘了释迦牟尼成佛后于鹿野苑初转法轮的场景。该岩雕现藏于美国大都会艺术博物馆。

请问，这是多神教吗？

不是。

是一神教吗？

更不是。

那么该叫什么？

也只能杜撰一个说法：无神教。

然而印度原本是有宗教的，这就是婆罗门教。婆罗门是多神教，三大主神梵天、湿婆、毗湿奴，分别为创造神、破坏神和保护神，神格极为崇高。围绕三大主神又衍生出其他的神，多至不可胜数。

印度，原本是多神的世界。

无神不成教，无论多神还是一神。因此，佛教只能在阿育王时代风光一时。之后，印度又回到了多神教，这就是经过了改革的新婆罗门教——印度教。

释迦牟尼创造的无神教则远走他乡。一路由斯里兰卡而至缅甸、泰国、老挝、柬埔寨，一路经帕米尔高原传入中国，再至朝鲜、日本、越南，还有一路由尼泊尔和汉地传入中国西藏，是为南传、汉传和藏传。

但，无论南传、汉传还是藏传，都已非原始佛教的本来面目。比方说，有庙宇，也有偶像，佛祖和菩萨则被当作神来崇拜。显然，佛教在成为世界性宗教的同时，也与释迦牟尼的初衷渐行渐远。

那么，什么是佛祖的初衷？

建立一种人生的哲学、智慧和境界，而且是可以通过每个人的努力来获得的。获得的方式很多，比如学习、修持或领悟，但都不是信仰，因为没有那个超自然、超世俗的存在，更没有对这个存在坚定不移的相信。

佛教带给我们的，不是信仰，而是觉悟。

但，人类的终极之问总要有答案，终极关怀也总要有着落。因此，信仰必定产生。而且，由于这种关怀和追问是终极的，答案也只能是一个。

换句话说，一神教也必定产生。

只不过，需要条件。

犹太：人类的先知

最早在人类当中建立起信仰的，是犹太人。

犹太人又叫希伯来人或以色列人，是来自美索不达米亚的古老民族，居住在迦南地区（今叙利亚、黎巴嫩和以色列一带）。长期以来，他们受制于一个又一个强国，最后国破家亡，流离失所，一度成为没有祖国的民族。

然而犹太人在历史上的影响力，却超过了当年征服过他们的所有国家和民族，因为他们发明了一神教。

发明一神教，很重要吗？

当然。因为多中心即无中心，多信仰即无信仰。什么都信，即等于什么都不信。因此所谓多神教，其实往往无信仰。要想真正建立起信仰，只能靠一神教。

但，为什么是犹太人？

那就先来看看他们的情况。

作为游牧民族的希伯来人，大约是在公元前 1500 年来到迦南的，领袖是亚伯拉罕。此后，他们当中的某些部落可能成了埃及法老的奴隶，又在伟大先知摩西的带领下走了出来，定居迦南，开始了他们多舛的命运。

迦南的犹太人建立了两个王国，北边是以色列，南边是犹太。这两个分分合合的王国连起来，就像一条狭长的带子，西边是地中海，东边是约旦河彼岸的大沙漠。

这并不是什么好地方。

然而希伯来人的这个小小的地盘，却又是从埃及前往赫梯、叙利亚、亚述和巴比伦尼亚的必由之路。贯穿南北的天然大通道既是商道，又是兵道，因此毫无悬念地被那些企图称霸世界的国家虎视眈眈。

当然，以色列也好，犹太也罢，如果强大，也可以从这里出发征服世界。可惜，他们是那样地弱小和单薄，便只能成为弱肉强食的典型范例。

公元前 721 年（中国东周平王五十年），亚述国王萨尔贡二世攻破撒马利亚，灭亡以色列王国。一百多年后，即公元前 586 年（中国春秋鲁成公五年），新巴比伦国王尼布甲尼撒二世又灭了犹太王国。首都耶路撒冷被摧毁，犹太国王和人民被掳往巴比伦。

◎巴比伦之囚

据尼尼微辛那赫里布（萨尔贡二世之子）官殿浮雕。此浮雕刻于12块石板之上，长24.4米，高2.4米，于1850年出土。

这可真是多灾多难，这可真是万劫不复。

其实，像这样的国家和民族并不罕见，而且往往灭掉也就灭掉了。诸如米底和吕底亚之类的名字，又有几个人知道呢？就连盛极一时的安息和贵霜帝国，也鲜为人知。

但是几乎没有人不知道犹太和以色列，因为他们的王国灭亡了，宗教却站了起来。

学术界几乎都承认，犹太教是在“巴比伦之囚”时真正建立起来的。那些一想起耶路撒冷锡安山就忍不住要哭泣的犹太人被告知，自己之所以落得这个下场，就因为背叛了希伯来民族唯一的主——上帝雅赫维。

痛定思痛，他们决定以信仰拯救自己。

于是摩西十戒被严格遵守，摩西五书被整理出来，《旧约全书》逐渐完成，新的信仰开始建立，多神教的残渣余孽则被抛弃。决心浴火重生的犹太人刷新了自己。

结果，多难兴邦这个词，在犹太人这里就有了全新的解释：邦没能兴，兴起来的是教。

那么，犹太教有什么过人之处？

首先它是一神教，而且极为彻底。世界上不是没有过一神教倾向，波斯的琐罗亚斯德教就是，但那种倾向稍纵即逝。多神教也往往有主神，却仅仅是地位尊贵而已。这些蛛丝马迹，暗示一神教的时代终将来临。

犹太人的上帝正是真正的一神。他不是独尊，而是唯一，除此之外，没有其他。这位伟大的神是至高无上和独一无二的。他自生自有，全知全能，主宰宇宙，德被万物，是唯一可以创造一切却不被也无须被创造者。

显然，这是一种超自然、超世俗的最高神秘力量和精神实体，当然没有也不该有形象。因为一旦有形，即为有限。因此，上帝被绝对禁止画成画像和做成雕塑。这条禁令，后来也被基督教和伊斯兰教完全继承。

这就跟佛教和印度教等等大相径庭。前者无神，后者多神，当然可以有偶像。偶像是用来崇拜的，崇拜不等于信仰。信仰一定是也只能是对超自然、超世俗之存在坚定不移地相信。这样的存在，岂能有形象？

因此，犹太教的这项规定，包括对唯一之神的坚信和确认，就成了历史的里程碑。

是的，崇拜从此变成了信仰。

这是所有一神教的共同理念，也是所有一神教的共同基础。靠着这一理念，基督教和伊斯兰教在全球范围内建立起人类的信仰体系，把文明推向了一个新的高度。

在这里，犹太人功不可没。因为没有犹太教，就没有后来的基督教和伊斯兰教。

犹太，人类的先知。

然而犹太教有一个致命的弱点，同时也是优点，这就是“上帝特选”的观念。

按照犹太教的说法，犹太人是上帝从万民之中精挑细选出来的特等选民。作为上帝的忠实信徒，犹太民族肩负着特殊的使命，要向全世界传播上帝的旨意。这种使命是神圣的、光荣的，也是艰难的，但上帝与他们同在。

这就叫特选之民。

为此，上帝向他们许诺，将赐给他们一块“流着奶和蜜”的地方。而且上帝还许诺，无论以后犹太人流散到哪里，一定佑助他们返回此地。

这就叫应许之地。

但，这也是一柄双刃剑。

没错，一神和特选，让犹太人有了自己的精神支柱和精神家园。从此，他们百折不挠，自强不息。因为他们知道，只有首先解放犹太人，才能解放全人类。

同样，由于有此信念，犹太人流亡一千八百年，散落十万八千里，仍能凝聚成一个伟大的民族。因为他们在世界任何角落，都能找到跟自己实现身份认同的人。

这就是一神教的优越性。

问题是，如果上帝仅仅属于以色列，那又与其他民族何干？如果只有犹太人才是上帝的选民，大家又为什么要跟他走？我们也给自己找一个上帝好了。

犹太教，终于无法成为世界性宗教。

历史的意味深长，也就在这里了。

我们知道，正如世界上大多数文明古国都是君主制国家，希腊的民主与罗马的共和都只是特例，犹太教诞生之前世界各民族也都是多神崇拜。这样看，一神教被犹太人发明出来，岂非也是奇迹？

但，当年的特例后来却成为世界潮流，这就说明民主共和一定有必然性。同理，世界性一神教的出现也该被视为必然。可惜，由于太强的封闭性和排他性，具有开创之功的犹太教已无法完成这一任务。

看来，上帝仅仅赋予了犹太人阶段性使命，世界性的一神教也只能出现在世界性的文明中。

这个文明就是罗马。

于是，基督降临人间。

原罪与救赎

基督，就是希腊语的弥赛亚。

弥赛亚就是救世主，基督教的救世主是耶稣。耶稣在希伯来语中就是“耶和华的拯救”，耶和华则是唯一之神上帝，犹太教称雅赫维，基督教称耶和华。

救世主，则称基督。

不过，救世主不是观音菩萨。菩萨救苦救难，是因为不忍心看到人民受罪。救世主解救人类，则是因为上帝认为人类有罪。而且，这罪恶还是与生俱来的，叫原罪。

犹太教没有原罪的观念。他们只是讲了亚当和夏娃的故事，也认为这是人类落入凡尘受苦受难的原因，却没有把它变成教义，因为他们没有耶稣。

耶稣又怎么了？

被钉死在十字架上了，而且众所周知。

这就大有问题，因为耶稣是上帝之子。神之子怎么会死呢？他怎么死得了呢？上帝怎么会见死不救呢？

所以耶稣还得复活。死而复生，才是神子。

然而这位救世主毕竟死过一回，还流了血。据说他死前曾被鞭打，背着十字架还没走到刑场就倒地身亡。

这样的故事，愚夫愚妇们是看不懂的，因为跟他们以前听说过的神都不一样，无论那些神是希腊人的，还是罗马人的。这就必须做出合理的解释。毕竟，在新宗教建立之初，人民群众的心理承受能力不能不慎重考虑。

于是，一种解释出笼了。

这解释说：耶稣是上帝派来的，他的死当然也是上帝的安排。目的，是为了替人赎罪。神子赎罪以后，只要相信上帝和我主耶稣，人的灵魂就可以得救。

这就叫“耶和华的拯救”，也称救赎。

原来，耶稣是替罪羔羊。

既然是替罪羔羊，那就意味着有人有罪。那么，是谁有罪呢？人，一切人，所有的人。如果仅仅只是某个人或某些人有罪，上帝是不会牺牲自己儿子的。

但，人人有罪的观念，还是很难让人接受，这就必须解释为天生有罪，原本有罪，是一种原始的罪恶。

于是犹太人讲过的伊甸园故事，便有了新的解读：人人有罪，是因为始祖有罪。始祖有罪，则因为他们违背上帝的旨意，在蛇的诱惑下偷吃了树上的果子。

这就叫原罪。

至于那条蛇是从哪里来的，亚当和夏娃为什么会受它诱惑，上帝事前又为什么没有预感和预警，一概不知。

也许，那时没人较真吧！

总之，这解释彻底改造和翻新了犹太教。犹太教没有原罪，没有救赎，也没有耶稣。这三样，都是基督教的发明。唯其如此，它才成为有别于犹太教的新宗教。

犹太先知都没说的，老百姓当然也不会知道。这就需要启迪。启迪的方式，就是耶稣的受难与复活。耶稣是上帝之子，他的受难与复活就是上帝的启示。

这就叫天启。

所以，基督教是天启宗教，伊斯兰教也是。

不过，伊斯兰教的天启靠伟大先知穆罕默德，基督教的天启却不是耶稣的功劳，也不是那十二门徒的。提出了原罪和救赎教义的，是圣保罗。

圣保罗不是耶稣的门徒，甚至没有见过耶稣，却把耶稣之死这件事用到了极致。后来，当传教士们绘声绘色讲述这个故事时，台下听众几乎个个涕泪纵横。

是啊，为了拯救我们的灵魂，上帝竟然派了他的儿子用自己的血来赎我们的罪，那还不赶快皈依？

所以，基督教的创始人与其说是耶稣，不如说是圣保罗。没有圣保罗，就没有原罪和救赎的教义，基督教也就得不到最广泛的传播，甚至会销声匿迹。

但，既然认定耶稣是救世主，也就必须认定人人有罪的观念属于耶稣。

于是，就又有了一个故事。

这故事说，一天清晨，一群法利赛人押着一个行淫时被捉拿的女人，到迦百农殿堂去见耶稣。法利赛人是墨守成规的犹太教士。他们问：摩西在律法上吩咐我们，把这样的女人用石头打死，你说该怎么样呢？

显然，这不是来求教，而是来找茬。如果耶稣说可以打死，便犯了杀人罪；说不要用石头去打，便犯了违律罪。无论如何，法利赛人都可以抓住把柄去告他。

然而耶稣只是直起腰来，平静地对那些人说：你们中间谁是没有罪的，谁就可以先拿石头打死她。说完，又弯下腰去，用指头在地上画字。

结果，那些法利赛人听完，竟然全都退了出去，没有一个人留下来，更没谁用石头去打那女人。[4]

这说明什么呢？

人人有罪，无一例外。

至此，新老宗教的区别一目了然。

犹太教：犹太人才是“上帝的选民”。

基督教：所有人都是“上帝的罪人”。

哪个更有开放性？

基督教。

是啊！既然人人有罪，那就无分你我，大家都是兄弟姐妹，也都需要救赎，不管你是罗马人、希腊人、西班牙人、日耳曼人，还是别的什么人。

所以，基督教降低了入教的门槛，取消了犹太教的许多规定，比如不吃猪肉、要行割礼等等。割礼是犹太人与上帝立约的凭证，相当于在合同上签字盖章。基督教则改为在头上洒水，显然更容易被成年男子接受。

它成为世界性宗教，也绝非偶然。

更重要的是，核心价值观诞生了。

这就是平等和博爱。

博爱来自救赎，平等来自原罪。道理很简单：人人有罪，则人人平等。人人生而有罪，则人人生而平等。平等的权利既然为造物主所赋予，那就不可让渡。

天赋人权的观念，在这里埋下了种子。

何况平等并非人的许诺，而是神的旨意。人的许诺是靠不住的，神的旨意则不可违抗。上帝面前人人平等，这个理念一旦建立，人与人之间的新关系就有了一个可实现和可操作的方式，尽管不是最好的。

下一步是制度的设计。

原罪的观念同样起到了积极作用。因为所谓原罪，不过告诉我们：每个人都有犯罪和作恶的可能。因此，人是靠不住的，靠得住的是制度。制度设计的目的，是让人不敢犯罪和无法犯罪。对公权力的使用，尤其如此。

三权分立的制度，也在这里埋下了种子。

不过天赋人权也好，三权分立也罢，都是后来的事情。从基督教的诞生到现代文明的建立，需要漫长的过程，甚至在走向光明之前，先得堕入黑暗深渊。这是人类文明不得不支付的学费和代价。

在此刻，则必须有人以血献祭。

这个羔羊，就是罗马。

救世主还是掘墓人

皇帝陛下谦卑地跪在了米兰主教的面前。

这是一个惊心动魄的场面。头戴高冠，身穿一级大礼服和豪华披风的主教，庄严肃穆地来到一身素衣的皇帝面前，沉稳地问道：你知罪吗？

皇帝答：知罪。

主教又问：愿意忏悔吗？

皇帝又答：我忏悔。

得到虔诚的回答后，主教带领在门外等候许久的皇帝进入教堂，并在祭坛前赐给他一小片面包。

帝国的臣民们目睹了全部过程，因为此君的忏悔被要求公开进行。这当然让皇帝陛下尊严尽失，却使基督教会的权威和声望直上云霄。

这是公元390年的事，当时中国是东晋，忏悔的罗马皇帝叫狄奥多西。这位被教会赠予“大帝”称号的君王堪称划时代人物：在他死后，罗马分裂为东罗马帝国和西罗马帝国；在他生前，基督教被定为国教。

两件事都意义重大。

基督教被定为国教，是在狄奥多西忏悔两年后，即公元392年。这时，距离相传耶稣被钉死在十字架上的时间是三百六十多年。这在历史上虽然不过弹指一挥，对于基督教来说却是天上人间。[5]

没错，过去是“寇”，现在是“王”。

成王败寇。跳了龙门的基督教会迅速举起了大刀。第二年（393），被教会控制的罗马元老院宣判天神朱庇特有罪，同时立法全面禁止奥林匹克运动会，因为它是当年希腊人献给众神之王宙斯的。

此后，帝国境内数量繁多的图书馆被陆续关闭，属于所谓“异教世界”的藏书不断流失，或被焚烧。古希腊和古罗马的文明成果被打入冷宫，直到四五百年后才因为阿拉伯人重见天日，尽管他们信奉伊斯兰教。

因此，西方史学界把公元393年称为“希腊与罗马文明正式终结的一年”。

八十多年后，西罗马帝国也灭亡了。

其实帝国早就该亡。这一点，从迁都拜占庭的君士坦丁发布《米兰敕令》那天起，就已命中注定。

表面上看，《米兰敕令》只是坚持和重申了信仰自由的原则，承认基督教和其他宗教一样享有合法地位。然而君士坦丁的倾向性却显而易见，那就是要建立基督教的独尊地位。为此，他不惜动用国库为上帝大兴土木，他的新首都也只有基督教堂，没有罗马神殿。

这是一神教的首都，不是多神教的首都。

偏袒是明显的，动机却相当可疑。因为当时的基督徒只占总人口的百分之五，君士坦丁有什么必要把自己从罗马人的皇帝变成基督徒的皇帝呢？

也许，目的在于改变授权主体。

前面说过，罗马，无论共和国还是帝国，权力都属于元老院和罗马人民，执政官和皇帝只是代理人。政权既然是他人授予的，也就可以被他人夺去。罗马皇帝走马灯似的轮番上阵，不少还死于非命，道理就在这里。

所以，要想一人独裁又长治久安，就只能将授权主体从人变成神，即由“君权人授”变成“君权神授”。而且，多神教的神还不行，那会弄出众多的皇帝。犹太教也不行，他们的上帝只属于犹太人，罗马却是多民族的帝国。

基督教，成为唯一选择。

毫无疑问，基督教会也十分欢迎这样一个皇帝。他们很清楚，上帝的旨意只有通过罗马皇帝，才能在人间得到实现，正如皇帝只有通过教会才能获得神的授权。[6]

皇帝和教会，一拍即合。

只不过，这笔买卖从君士坦丁谈到狄奥多西，用了八十年左右才算达成。双方的愿望和交易，则十分类似于中国汉代的独尊儒术：你许我独尊，我许你独裁。

然而结果却不相同。儒家当真效忠了帝国，帝国却未必独尊儒术，而是儒法并用。相反，狄奥多西当真皈依了基督教，基督教却并不许他独裁，反倒要他忏悔。

买卖，也并不总是公平的。

原因在于供求关系。要知道，罗马皇帝并不能直接跟上帝对话。按照当时的教规，神意只能通过主教来传达。皇帝以为笼络了主教就能靠拢上帝，哪晓得自己反倒从君主变成了奴仆？这可真是赔了夫人又折兵。

儒家则不一样。首先，儒家没有组织（教会），也就没有领袖（主教），宗师则是不顶用的。其次，皇帝自己就是天之骄子，哪里用得着儒家来代为授权？第三，儒家主张君为臣纲，又岂敢让皇帝随便下跪？

奉天承运与君权神授，大不一样。

罗马分裂为东西两半，也不足为奇。

分裂是从迁都和分治开始的，后者因为狄奥多西，前者因为君士坦丁。由于没有留下只言片语，谁都不能确切知道迁都的真实原因。也许，他是要打造一个新罗马，这就需要新政体，也需要新宗教，还需要新首都。

罗马不再适合做首都，这在戴克里先的眼里就已经如此了。它因循守旧，腐朽没落，一潭死水，暮气沉沉。但在君士坦丁这里，却可能还有一个原因：罗马城是传统文化的大本营，多神崇拜的势力太强也太顽固。

多神教夕阳西下，一神教旭日东升，你选哪个？

傻子也能得出结论。

但，有得就有失，有利就有弊，反过来也一样。希腊和罗马的多神崇拜也许不合时宜，却有可贵的精神。

这个精神就是宽容。

宽容并不奇怪，多神即意味着多元和多样。你信你的，我信我的，大家井水不犯河水，也就相安无事。

所以，在多神崇拜的国家比如中国和罗马，虽然也有战争，却从不因为宗教而战争；虽然也有灭佛或迫害基督徒的事件，但都是因为政治，不是因为信仰。

就连犹太教，由于坚信自己才是上帝的选民，也不会把教义强加于人。只有基督教，不但唯我独尊，还要征服世界，尽管动机也许神圣或者善良。

基督教学会宽容，要到文艺复兴以后。

宽容是罗马文明的精髓，也与共和、法治相匹配。没有共和与法治，就没有罗马；没有宽容和开放，就没有罗马文明。因此，基督教只能改变罗马，不能拯救罗马。它不是罗马的救世主，而是罗马的掘墓人。

毫无疑问，基督教未必不好，不好的是动用公权力把它定为国教。这就正如儒学未必不对，不对的是定于一尊。不过，中华帝国显然比后来的罗马更宽容，道家思想从来不曾被视为异端邪说，佛教几经起伏也站稳了脚跟。

唯其如此，罗马帝国亡，中华帝国存。

这个道理，西方人后来总算明白了。美国宪法第一修正案就明确规定，联邦议会不得立法设立国教或禁止信仰自由，尽管当时的美国人多为基督徒。

信仰的自由，比信仰更重要。

如果一定要有信仰，那就信仰“自由”吧！

第五章
理念

提出“罢黜百家，独尊儒术”的董仲舒，
更像一个巫师而不是儒生。
在他的时代，儒学被巫术化，巫术被政治化，
涂上了神学色彩的三纲五常
则成为中华帝国的核心价值观。

三纲五常

汉章帝建初四年（79），也就是耶稣被钉死在十字架上半个世纪后，中国人召开了一次重要会议。由于它是在白虎观召开的，所以史称“白虎观会议”。

这时，正如君士坦丁之迁都拜占庭，汉帝国的首都也不再是长安，而是洛阳。经历了王莽之乱的王朝，则像西周变成东周一样，由西汉变成了东汉。

白虎观就在洛阳的帝宫之中。

洛阳是个好地方。在周人眼里，它才是真正意义上的“中国”（天下之中）。所以周公要在故都宗周之外，再建成周洛阳。现在，帝国定都于此，应能长治久安。

问题是，这一目标怎样才能实现？

要有思想。

的确，统一的帝国需要统一的思想。有此思想，才有共同的价值体系和行为准则，帝国也才能在广阔的地域范围内维持统治。为此，秦始皇焚书坑儒，汉武帝独尊儒术。

然而，正如罗马基督教内部争执不休，汉代的儒家也分裂为今文和古文两派。儒生们希望由皇帝出面圣断独裁形成定论，就像罗马教会要请君士坦丁出面召开尼西亚公会议，讨论基督和上帝的关系问题。

罗马和中国，是一样的江湖。

皇帝也都是江湖老大。

白虎观会议便因此而召开，会议的结论则无关我们的痛痒。有关系的是会议纪要《白虎通》明确了一个重要概念，叫三纲。这个概念后来跟董仲舒提出的五常合并在一起，成为中华帝国的思想统治根基：三纲五常。[1]

这才是一件大事。

要了解此事的重大意义，还得再看罗马。

罗马的灭亡让人不解。他们有当时最不坏的政体：共和；最不坏的制度：法治；最可贵的精神：宽容。有此三条，便足以巍然屹立，为什么会亡呢？为什么他们在感到危机的时候，要乞灵于基督教呢？

换句话说，罗马文明缺了什么？

核心价值观。

那么，宽容不是吗？

不是。价值是需要追求也可以追求的，宽容却与追求无关。你宽容，就宽容；不宽容，就不宽容。它其实是一种态度、精神、境界，但不是价值，也不靠追求。

自由呢？自由不是价值吗？

当然是。

可惜，罗马人虽然追求自由，也崇尚自由，却没有把它写在自己的旗帜上。他们的旗帜上是鹰，君士坦丁之后则是十字架。那可不是自由的象征。

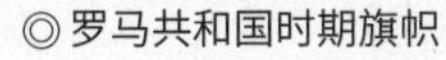
◎罗马共和国时期旗帜

◎君士坦丁十字架

法治与共和也不是价值，而是实现某种价值的方式和手段。问题是，罗马人似乎并未意识到这两种方式背后的价值，他们多半是以一种实用和功利主义的态度，把法治与共和当作纯粹技术性手段来看待的。

也就是说，罗马人有当时最不坏的制度，却没有支撑制度的核心价值观。这就只能成功于一时，不能成功于一世。等他们意识到这点时，可选择的只剩下基督教。

基督教当然也不错，因为有信仰。信仰的背后，则是核心价值观。也就是说，信仰也只是手段和载体，核心价值才是关键。它是如此的至关重要和不可或缺，以至于必须借用上帝或安拉的名义，以神谕的方式说出来。

这就是信仰的秘密。

或者说，信仰的目的，在终极之问和终极关怀。它的现实意义，则在承载核心价值观。这是世界上大多数民族都有信仰或类似信仰的原因。只不过，靠公权力树立起权威的早期基督教，并不完全符合罗马国情。

结果，罗马死了，基督教却在她身上成长起来。

那么，中华帝国呢？

中华帝国也是没有信仰的，却只有改朝换代和治乱循环，没有长时间分裂和制度性崩溃，这又是为什么？

因为虽无信仰，却有理念。

这就是三纲五常。

三纲就是君为臣纲，父为子纲，夫为妻纲，五常则是仁义礼智信，合起来叫纲常，也叫纲常伦理。而且，自从宋代的朱熹将三纲与五常联用，朝野贤愚便都耳熟能详并奉为圭臬，维系着王朝和社会的安定团结。

其实，纲与常是两回事。

什么是纲？纲就是提网的总绳。总绳一提，网眼就张开了，这就叫“纲举目张”。君臣、父子、夫妇的关系既然是三纲，那么五常就是目，也叫德目。

也就是说，三纲是抓总的，五常是管用的。

管用很重要。一种理念如不管用，那就无法推行。五常却放之四海皆可用。比如仁，在君臣就是君仁臣忠，在父子就是父慈子孝，在夫妻就是夫和妻柔，在兄弟就是兄友弟恭，在朋友就是与人为善，统统管用。

义、礼、智、信，也一样。

在中国传统社会中，君臣、父子、夫妇、兄弟、朋友是五种最重要的人际关系，儒家称为五伦。五常既然能够普遍地适用于五伦，当然是伦常。

伦常这个概念，也很有意思。

什么是伦？伦就是秩序和类别。所以，人伦，就是人类社会的秩序和类别；伦理，就是区分类别并规范秩序的规定；伦常，则是伦理道德可执行可操作的指导思想和行为准则。

显然，这里面有三个条件。第一，必须是简易而朴素的，否则不可操作；第二，必须是恒定不变的，否则无所适从；第三，必须是正确或被说成是正确的，否则没有资格充当伦理道德的规范者。

五常恰恰就符合这三个条件。

我们知道，常，有永久的意思（恒常），也有普通的意思（寻常）。永久就正确而恒定，寻常就简易而朴素，当然管用，也当然可以称之为伦常。

那么，五常又为什么具有这些品质？

儒家说，因为它们源于人性。

实际上，董仲舒的五常来自孟子的四端。端，就是道德观念的发源地。孟子认为，它就在人心之中。因为仁就是恻隐之心，义就是羞恶之心，礼就是恭敬之心，智就是是非之心。这可是“人皆有之”的，因此是共同人性。由此推演出来的仁义礼智，就是共同价值。[2]

仁义礼智，是价值吗？

是，因为可以追求也值得追求。追求仁就叫成仁，追求义就叫取义。而且，由于它们是最高价值，还值得为之献出生命。比方说，杀身成仁，舍生取义。

那么三纲呢？也来自共同人性吗？

对不起，君为臣纲，父为子纲，夫为妻纲，可没有半点儿人性依据。然而对于帝国，三纲却比五常更重要。只有确立了三纲，帝国的统治才会坚如磐石。

这个使命落到了董仲舒的身上，因为“罢黜百家，独尊儒术”的建议就是他提出来的。如果不能给出满意的答案，则奈皇上何，奈儒家何，奈天下苍生何！

董仲舒该怎么办？

天人合一

人性中找不到的，就只能去向天要。

董仲舒是在汉武帝即位的第二年，向年轻的天子呈交答案的。不过君臣二人似乎是书信来往。汉武帝下诏询问治国之道，董仲舒则上书提出对策。汉武帝三问，董仲舒三答，开篇就说天人关系，史称“天人三策”。[3]

五常，就在这里提了出来。

三纲的概念，则见于《春秋繁露》一书。这是董仲舒的代表作。据说，为了撰写这部巨著，他在书房的窗户上挂了帷幕，三年都不往园子里看上一眼。

那么，董仲舒又如何证明三纲五常？

天人合一。

这倒是耳熟能详的说法，却实在需要解释。

汉语中的天，英语或者翻译为Heaven（上苍），或者翻译为Nature（自然）。实际上在董仲舒这里，两种意思都有，因此应该是Nature加Heaven。

为什么这样说？

因为它有三大特征。

首先，天是终极创造者和最高主宰者。它创造了世间一切事物，也决定着人的命运。比方说，谁当天子，谁坐天下，要不要改朝换代，等等。授予治权就叫天命，更换王朝则叫革命。所有的王朝，都不过奉天承运而已。[4]

诞育万物并当家做主的，是天。

但，天又不是上帝或安拉那样无形的神。它甚至就是自然界，是由物质、能量和信息按照一定规律和规则结构而成的。物质有金木水火土，规律则是阴阳五行，因此天不是信仰的对象，反倒可以研究和琢磨。

什么是阴阳五行？

阴阳主要是《周易》的概念。按照这种观点，世界或宇宙的构成、运动和变化，总规律就是阴阳的关系。任何事物和事件都有阴阳两面，它们相反相成，对立统一，孤阴不生，独阳不长，而且阴会变成阳，阳会变成阴。

显然，这是哲学，不是信仰，就像古希腊的毕达哥拉斯把世界的本质归结为“数与数的和谐”。

五行也一样。它首先是五种物质或自然现象，同时又是两种关系，即相生相克。相生就是金生水，水生木，木生火，火生土，土生金；相克则是金克木，木克土，土克水，水克火，火克金。这岂非规律？[5]

◎阴阳五行示意图

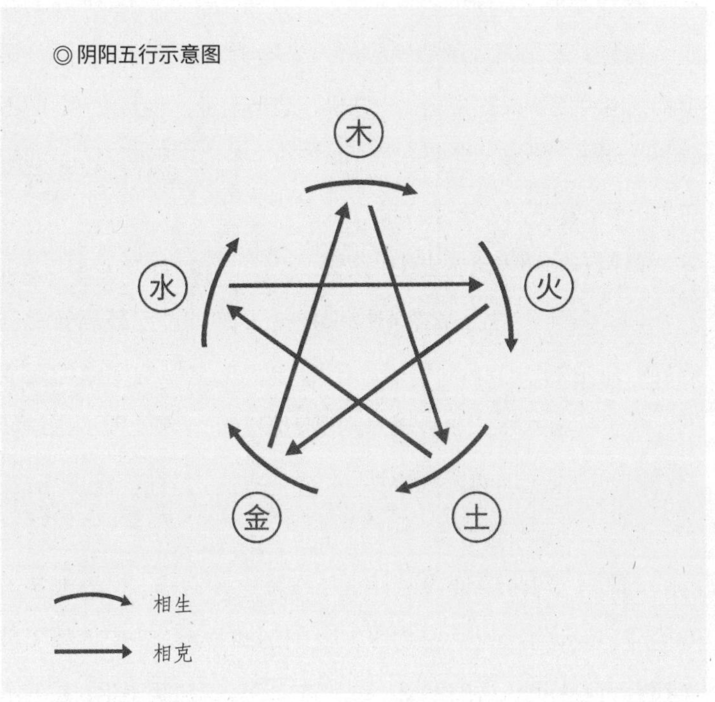

有物质，有规律，可认识，岂非自然界？

然而这个自然界却有意志，有感情。春就是喜，夏就是乐，秋就是怒，冬就是哀。天命和革命，则体现了天的意志。天甚至还有道德，比如天道行健或厚德载物。[6]

既是自然界，又是有情人，还是主宰者，这就是天的三大特征。而且，这也是当时中国人的共识。

这样一种存在，不要说西方人，就连现代中国人恐怕也很难理解。明明就是创世主，却又不是创世神；明明就是自然界，却又有喜怒哀乐，你说是什么？

也只能叫老天爷。

是的，一个好心肠又爱发脾气的老爷子，却绝非玉皇大帝或观音菩萨那样的人格神。他可能跟上帝或安拉一样也是无形的，却又有着坚强的意志和丰富的感情。

这样的天，其实就是人。

唯其如此，董仲舒才说“天人一也”。[7]

在董仲舒看来，天与人是同构的。比方说，天有三百六十六日，人有三百六十六小节；天有十二月，人有十二大节；天有五行，人有五脏；天有四时，人有四肢；天有明暗昼夜，人有睁眼闭眼；天有春夏秋冬，人有喜怒哀乐；天有阴阳刚柔，人有君臣男女——岂非同构？[8]

同构则感应。所以，社会和谐，则风调雨顺；民怨沸腾，则天崩地裂。因为天与人不但同构，而且相通。生命相通，道德相通，情感也相通。

天人同构，天人感应，天人相通，这就是正宗原装完整版的“天人合一”。

问题是，这套说辞有什么意义呢？

以天道说人道。

话，首先是说给统治者听的。董仲舒对汉武帝说，臣读《春秋》，最感到惊心动魄的，就是如果君王无道，上天便会先用灾害来谴责，再用怪异来警示。倘若冥顽不化、屡教不改，那就要发动革命来进行惩罚了。[9]

汉武帝读到这里，恐怕着实吓了一跳。

好在董仲舒又说，如果君王有道，则会出现祥瑞（凤凰或麒麟之类），证明当今圣上是尧舜之君。

汉武帝这才松了一口气。

董仲舒这样说，很可能有一种良苦用心，那就是借用皇天限制皇权。是啊，天子的治权既然来自天命，就不能弄得天怒人怨，知识分子也就有了发言的权利和理由。

这是备受后世赞扬的一点。

可惜董仲舒没有想到，他用来对付皇帝的，皇帝也可以用来对付臣民。比方说，要除掉某个并无过错又看不顺眼的大臣，便可以使用“天厌之”的名义。

中国的皇帝，可不是狄奥多西。

更何况，要让皇帝服从天意，就得承认他是天子，并以皇天上帝的名义赋予他崇高地位和绝对权力。

三纲之说应运而生。

需要说明的是，把三纲理解成君为臣纲、父为子纲和夫为妻纲，是白虎观会议以后的事，董仲舒说的只是三种关系。只不过这三种关系最为重要，所以是纲。

那么，为什么是三纲，不是四纲或五纲？

因为要以自然说社会。汉儒认为，世界上最重要的无非天、地、人，叫三才。三才对应的当然是三纲。换句话说，君臣就是天道，父子就是地道，夫妻就是人道。

这就叫“天人合一”。

天道有三才，人道就有三纲；天道有五行，人道就有五常。五常是个人品德，三纲是社会伦理。后者高于前者，因此纲为三，常为五，就像三皇五帝，三王五霸。[10]

呵呵，中国人的说法，总是三五成群的。

剩下的工作是解释。

解释三纲的是阴阳：君为阳，臣为阴；父为阳，子为阴；夫为阳，妻为阴。阳是主宰和支配阴的，阴离开阳则不能存在。所以，臣服从君，子服从父，妻服从夫。这就是“王道之三纲”，而且“可求于天”。[11]

五常则利用五行来解释：仁为东方之木，义为西方之金，礼为南方之火，智为北方之水，信为居中之土。只不过，这个解释是《白虎通》的，不是董仲舒的。[12]

这样一来，三纲五常就变成了一种“天启道德”。由于来自天启，也就具有了类似于天启宗教的性质。儒学有如神学，儒生有如神父，孔子有如教主。儒家思想和礼乐教化被称为“儒教”，并非全无道理。[13]

看来，汉武帝时代的两位大儒都不再纯粹。公孙弘当然是官场老油条，董仲舒则更像一个巫师和道士。而且正是他开创的今文经学派，还把儒术变成了巫术。

那可又是一台好戏。

政治化巫术

公元56年，也就是罗马的尼禄皇帝上台后两年，东汉开国之君光武帝刘秀做了一系列的事情：封禅泰山，修建明堂、灵台、辟雍，宣布图谶（读如衬）于天下。

第二年，光武帝驾崩，享年六十二岁。

也就是说，这是他最后的动作。

明堂是宣明政教之处，灵台是夜观天象之台，辟雍则是天子的学宫。起明堂，筑灵台，建辟雍，自然是为了从武功转向文治，与天下臣民共享太平。

那么，图谶又是什么东西？

谶，就是谜语式的预言，且由来已久。据说秦代就有“亡秦者胡”的谶语，结果秦始皇花大力气对付匈奴，却没想到亡秦之胡不是胡人，而是胡亥。

◎汉明堂辟雍复原图及平面图

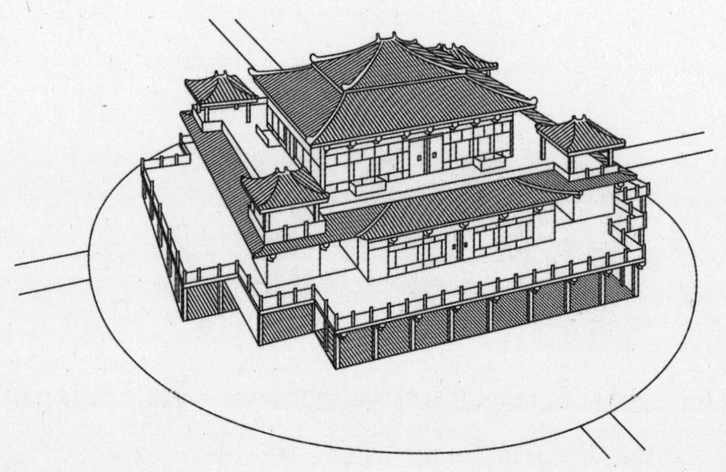

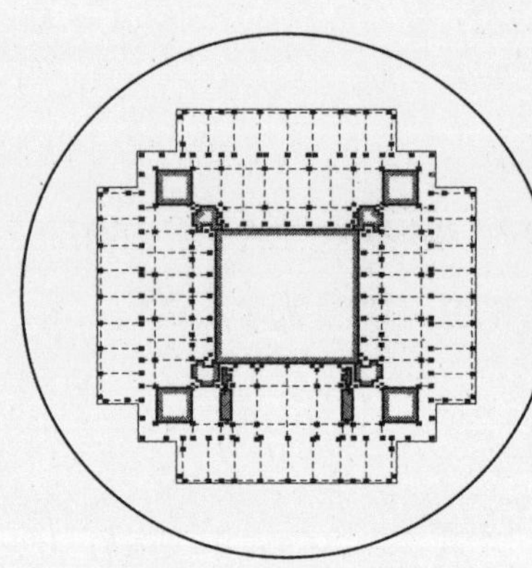

该遗址群于1958年开始发掘，共发现八个遗址。每个遗址建筑形式相同：由方形太室与圆形围墙组合而成。厅堂柱础由汉白玉琢磨而成，墙壁为草泥面。有大量瓦当，少量五铢、货泉、铜铁器出土。我国古代大型建筑群的“体象乎天地，经纬乎阴阳”的惯例可见于此。史学家认为，这组建筑的平面布局、建筑形式、大小规模是汉武帝之后阴阳学说在建筑上的反映。据《汉长安城南郊礼制建筑遗址群发掘简报》。

这就真不知道是靠得住，还是靠不住了。

不过民间是相信的，就像相信耶稣死了又复活。我们民族没有宗教，也没有信仰，还多灾多难。无法掌握自己命运的人民群众，安全没有保障，精神失去寄托，灵魂无处安顿，就只有相信谶语、八字和风水。

后来统治者也信了，带头的是王莽。

王莽为什么相信？因为他就是靠这玩意当上真皇帝的。当然，把王莽扶上帝位的，除了谶语还有符瑞（吉祥物），比如那块白石头（请参看本书第三章）。

何况这并非没有理论依据。《礼记·中庸》就说：“至诚之道，可以前知。国家将兴，必有祯祥；国家将亡，必有妖孽。”儒家经典都承认的，王莽当然可以相信。

实际上孔子虽然不谈神怪，儒家却相信世界上有天赐神物。他们说，伏羲的时代，有龙马从黄河出现，背上有绿图，叫河图；又有神龟从洛水出现，背上有丹书，叫洛书。这就是所谓“河出图，洛出书”。[14]

其实这事孔子也相信。在他去世前两年，有一只麒麟被猎获打死。孔子就说：河不出图，洛不出书，我可是没什么希望了，我的主张也走到头了！[15]

这就是图谶的来历。

图谶，就是河图、洛书加谶语。

此外还有纬。

纬，就是纬书。所谓纬书，是相对经书而言的。独尊儒术以后，儒家著作被奉为经典，叫经。其他各派诸子百家的，则叫子。另外，史学著作叫史，文学著作叫集，合起来就叫经史子集。

经，原本是纺织品上的纵线，横线则叫纬。所以，从理论上讲，有经就该有纬。《诗》、《书》、《礼》、《易》、《春秋》都被定为经了，纬在哪里呢？

也只能伪造一批。

于是汉儒谎称，孔子当年曾配合六经，秘密地撰写了一些纬书传给后世，现在可以拿出来与大家共享，就像出土文物。这些纬书都有稀奇古怪的名字，比如《乾凿度》、《考灵曜》、《含神雾》、《感精符》，一看就是装神弄鬼。[16]

这样的“伪书”当中，自然少不了谶语，否则也没有伪造的必要。这就叫谶纬。

王莽喜欢的，就是谶纬。

刘秀喜欢的，则是图谶。[17]

这同样毫不奇怪，因为刘秀也是靠这个当皇帝的。当年他起兵时，就有人拿来图谶，说是刘氏该复起。称帝前又有人拿来图谶，说是刘秀奉天承运。刘秀扭扭捏捏一阵子后，就“顺应天意”成为东汉光武皇帝。

显然，这是一种政治化的巫术。

因此，光武帝刘秀把图谶向天下公开，首先是为了巩固政权，强调皇位和帝统的合法性和正当性，同时也是要建立一种新的统治思想。但，大汉王朝不是已经有了儒家思想作为国家意识形态吗？为什么还要另起炉灶，请出来一个不伦不类的政治化巫术图谶呢？

也许，君士坦丁的选择可供参考。此人扶植并皈依基督教，恐怕就因为发现原来的多神教已经无法保佑他和他的帝国，这才既抛弃了罗马城，也抛弃了罗马神。

同样，儒家思想也让光武帝不能满意，尽管它其实经过了董仲舒的改造，变得更对帝国的胃口。但，前面说过，董仲舒是留了一手的。他希望天意的解释权能够由儒生来掌握，从而在帝王的法统之外再开一个道统。

光武帝当然不能同意，他可不想成为另一个狄奥多西。尽管他并不知道罗马的故事，但帝王的本能告诉他，皇天上帝的授权不能假手他人，必须自己直接获取。

图谶，就能起到这个作用。

这就又要拜谢董仲舒了。他开创的今文经学，原本就有巫术的意味，他自己也是推论灾异的高手，《春秋繁露》里面还有登坛祈祷、求雨止雨的方法。王莽时代的那些纬书也是今文经学派炮制的，光武帝只需顺水推舟。

为此，他不遗余力。

现在已经无法确知，光武帝对图谶是真信或者仅仅只是利用。但可以肯定，他明白这玩意其实并不地道。因此他对外界的反应，就差不多到了神经质的地步。

有一天，光武帝跟一位大臣讨论祭祀的事情。光武帝说，朕打算用图谶来做决策判断，你看如何？

大臣答：臣不为谶。

光武帝勃然变色：爱卿不为谶，是反对它吗？

大臣吓出一身冷汗，马上解释说：臣才疏学浅，有些东西没有学过，哪里敢反对？

光武帝这才恢复常态。[18]

然而那些正派的儒生依旧不以为然。比如尹敏，曾被光武帝派去校订图谶。尹敏却抗命说：谶书并非圣人撰写，粗俗不堪，恐怕误人子弟。光武帝不听他的。于是尹敏做校订时，便在空白处加了六个字：君无口，为汉辅。

君无口，就是尹。这是典型的谶语模式。

光武帝看了奇怪，问他为什么要这样做。

尹敏说：臣见其他人这样胡编乱造都得了好处，也想侥幸得到富贵，万一成了呢？[19]

这其实就是撕破脸皮揭穿把戏了，但刘秀却没有治他的罪，只是不再重用而已。也许，光武帝也明白，图谶不过自欺欺人。硬要当真，他自己也未必做得到。[20]

图谶治国的方针却一如既往地被强制推行。光武帝并没想到：巫术政治化的同时，政治也会巫术化；而巫术化的政治是既不能治国也不能救命的。

事实上，正如董仲舒企图用来制约皇权的天意，反被皇帝用来对付臣民，刘秀试图借以巩固政权的图谶，也被造反起义的农民用来推翻王朝。黄巾军就是这样。他们的口号有八个字：苍天已死，黄天当立。

这也是典型的谶语模式。

以后，曹丕、刘备、孙权，都用图谶来做文章，证明自己称王称帝的合法性。结果，正如基督教不是罗马帝国的救世主，图谶也没能拯救大汉王朝。

那么，东汉为什么会亡？

东汉之亡，又留下了哪些教训和遗憾？

东汉之亡

东汉是伤势过重不治身亡的。

伤，有内伤，有外伤。外伤就是农民起义，内伤则是统治阶级内部旷日持久、错综复杂的斗争。

那就先看内伤。

与刘邦以一介平民开创帝业不同，刘秀是豪门巨族出身，依靠的是以南阳大族为骨干的豪强集团。后来他分封功臣，提倡儒术，原因也在这里：一起打江山的豪强必须得到酬谢，主张家天下的儒学则能巩固其统治。

这就与西汉有所不同。

西汉实行的是户籍管理制度。所有臣民都要按户登记在册，叫编户；编入户籍的臣民一律平等，叫齐民。这是有利于帝国统治的，因为可以保证皇帝的高高在上。

然而到西汉末年，齐民已经不齐，帝国之臣开始两极分化。大部分人或贫或贱，成为寒门或庶族；极少数人或富或贵，成为豪门或望族，社会结构发生大变化。

换句话说，西汉前期的臣民，就像马克思所说是装在一个口袋里的马铃薯，个头都差不多，皇帝当然也不难君临天下。现在某些马铃薯却变成了巨无霸，夹在了皇帝与小民当中，又该如之何呢？

那就只能看皇帝的能耐了。

可惜东汉的国运不佳。头三个皇帝还不错，既有执政能力，寿命也算长，光武帝享年六十二岁，汉明帝四十八岁，汉章帝三十三岁。这就已经一代不如一代，没想到后面的皇帝更惨，继位时年纪小，活的时间也不长。

和帝十岁，享年二十七岁。

殇帝百日，享年二岁。

安帝十三岁，享年三十二岁。

顺帝十一岁，享年三十岁。

冲帝二岁，享年三岁。

质帝八岁，享年九岁。

桓帝十五岁，享年三十六岁。

灵帝十二岁，享年三十四岁。

章帝以后八个皇帝，包括没算进去的少帝刘辩（十七岁）和献帝刘协（九岁），继位时没有一个是成年人。活得最长的桓帝和灵帝，又是著名的昏君。

那么，谁来治国？

外戚和宦官。

这是东汉的两大势力集团，他们之间的斗争从来就没有停止过。原因很简单，皇帝年幼，只能太后临朝，外戚专政。皇帝长大要夺回权力，又只能依靠宦官。结果是外戚和宦官你方唱罢我登场，一直闹到亡国。

斗争残酷而血腥。第一次火并在和帝时期，第二次在安帝死后，两次都是外戚失败，他们的兄弟和同党则不是自杀，就是伏诛。这还算是客气的。到桓帝联合宦官消灭外戚梁冀时，可就是满门抄斩，血流成河了。

停战时也好不到哪里去。朝政被他们轮流把持，仕途则被他们坐地分赃。大体上中央官是外戚党羽，地方官是宦官党徒。东汉的政治，被他们搞得乌烟瘴气。

更严重的是还要谋杀皇帝。

被谋杀的是质帝。质帝死时虽然只有九岁，却看出梁冀的不臣之心。有一天上朝时，质帝看着梁冀说：这是个跋扈将军。于是，梁冀当天就给质帝送去了毒饼。

质帝紧急召太尉李固进宫。

李固问：陛下怎么得的病？

质帝说：吃了饼，肚子疼，喝口水还能活。

旁边的梁冀却冷冰冰地说：会吐的，不能喝。

话音刚落，质帝驾崩。

李固伏尸大哭。

于是，梁冀便把李固也杀了。[21]

这就实在让人看不下去。君为臣纲可是帝国的根本所在，岂能动摇？天下人的天下，又岂能由他们瓜分？

另一个势力集团拍案而起。

这个集团就是士人。

士人集团也就是官僚集团，因为两汉的官僚队伍主要由士人组成。士人就是读书人。他们以读书为生涯，兼事农业，世代如此，正所谓“耕读为本，诗书传家”。

读书没有经济效益，出路是做官。一个家族如果有人因为读书而做官，读书就会成为风气，做官的人则会越来越多。如果世代屡出高官，那就成为名门望族。再加上门生故吏亲朋好友，则会形成不小的势力。

当然，这也是利益集团。

不过，虽然都要讲利益，三大集团却并不一样。外戚和宦官只有利益，士人却还有理念、气节、操守、追求和情怀。这是他们读书读来的，也是光武帝倡导的。

光武帝即位后，一方面四处宣扬图谶，另一方面则大力表彰气节。作为高明的政治家，他很清楚图谶之类只能愚弄匹夫匹妇，气节操守才能撑起国家栋梁。因此他做了一件很聪明的事：不肯出来做官的，尊重其个人选择。[22]

此举影响深远。因为对于读书人，最挡不住的诱惑就是做官。如果归隐山林能够得到皇上的肯定，那么，进入官场的士人也应该能够洁身自好。

这可真是纲举目张。

因此东汉的士风清朗一时。士人以道德相标榜，以天下为己任，同声相应，同气相求。面对朝政的混乱，一大批德高望重的知识分子以京都洛阳为阵地，以三万太学生为后援，口诛笔伐，评头论足，掀起了舆论的狂潮。

唇枪舌剑所指，就是宦官集团。

依靠宦官铲除异己的汉桓帝震怒。公元166年，也就是罗马使团访华那年，桓帝指名道姓以“党人”罪名逮捕二百多人，判处终身禁锢，史称“党锢之祸”。

让桓帝没有想到的是，党锢之祸给受害者带来的却是崇高的荣誉。太学生和知识界开始给他们做排行榜，名誉最高的叫三君（意见领袖），其余则有八俊（俊杰）、八顾（楷模）、八及（导师）、八厨（慈善家）。

这些人统称名士，也叫清流。

清浊不两立，冲突还会再起。

公元169年，汉灵帝制造了第二次党锢之祸。这一次的打击面更大：被杀一百多人，禁锢六七百人，太学生被捕一千多人。帝国的知识精英，几乎被一网打尽。

人品的高下，人心的向背，却也在这时显现出来。

李膺是八俊之首，通缉令下达时正好隐居乡下。乡人劝他逃亡，他却选择自投罗网。李膺说，遇事不避难，获罪不避刑，才是气节。结果，李膺死于狱中。

吴导是朝廷派出去逮捕范滂的，到了县里却抱着诏书号啕大哭，县令郭揖也解下印绶准备跟范滂逃亡。范滂却谢绝了他们的好意，慷慨赴死，时年三十三岁。[23]

什么叫精英？这就是。

知识精英是国家和民族的宝贵财产，如果遭到如此大面积的打击，王朝离覆灭也就为期不远。可惜桓帝和灵帝都意识不到这点，只有死到临头才可能被吓醒。

果然，十五年后，汉灵帝大赦党人。

因为黄巾军打过来了。

道教启示录

黄巾军是在公元184年起义的。

不清楚汉灵帝的情报系统事先是否得到了消息，然而起义者却已把舆论造足。当时民间流传着这样一句话：苍天已死，黄天当立，岁在甲子，天下大吉。[24]

这是暗号，也是谶语。

岁在甲子约定的是起义时间，事实上这一年也刚好是甲子年。但这里面未尝没有神秘意味，因为甲子为六十年一个轮回之首。岁在甲子，有开始新纪元之意。

这当然是巧合，但足以让人兴奋。

苍天已死，黄天当立，则略嫌费解。因为按照五行相生相克的说法，土德的黄天应该在火德的赤天之后，苍天却是木德，也不代表汉，汉是火德。

也许，这句话的意思是：木（苍天）已被火（汉王朝）烧成灰烬，现在轮到土，土是黄天。[25]

难怪他们要戴黄头巾。

光武帝用来夺取江山的手段，被黄巾军用来推翻他的王朝，这真是情何以堪。不过黄巾军倒不是存心要让光武帝的在天之灵难受，因为他们原本就是道教徒。

道教的起源是一件说不清的事情，但不会早于汉顺帝时期。据说当时有个名叫宫崇的人，献出了一本叫《太平青领书》的神书，而这本书又是他老师于吉得到的。有关部门认为该书妖妄荒唐，便藏在宫中，并未公开。

后来不知为什么，张鲁手上也有了这部书。[26]

张鲁可就跟道教有关了。他的祖父叫张陵，也就是道教讲的张天师。张陵创造的教派叫天师道。由于入教或看病要交五斗米，所以也叫五斗米道。

另一个教派则叫太平道，创始人就是黄巾起义的领导者张角。黄巾军失败以后，太平道融入了天师道；而天师道则因为张鲁投降曹操，慢慢发展起来。[27]

天师道和太平道的故事，大约基本属实。于吉得到了神书，则只能姑妄听之。但这段记载还是道破了天机：该书主要讲阴阳五行，也有很多巫觋（读如习）杂语。

巫就是女巫，觋就是男巫。

也就是说，道教出自巫术。

这并不奇怪，印度的婆罗门教就是从巫术演变而来的（有关巫术的观点均请参看本中华史第二卷《国家》）。但道教在东汉后期产生，却发人深省。

是啊，为什么偏偏在这个时候？

直接原因是佛教已经传入中国，时间是在汉顺帝之前的汉明帝时期，佛寺则首先在洛阳建立。尽管这时中国人对佛教的理解还很肤浅，甚至也把它看作一种方术，但这种闻所未闻的精神文明还是让我们耳目一新。

中华民族是善于学习的。宗教既然是好东西，那我们就自己创造一个，哪怕借鸡下蛋。

这时，犹太教和基督教还没有传进来，伊斯兰教则尚未诞生，我们并不知道一神教为何物。但我们从佛教那里得知，宗教需要教义和教主，需要组织和仪式，更需要理论基础、修持方式、崇拜对象和最高智慧。

那么，我们有吗？

有。阴阳五行就是理论基础，练功和服丹就是修持方式，各类神明就是崇拜对象，老子的道就是最高智慧。只要把老子奉为教主，术士称为道士，就成功了。

道教当然并非如此简单，它的诞生和发展也有一个漫长的过程。但这不是我们要说的。我们更关心的是，道教在中国必然要产生吗？如果说它的横空出世乃应运而生，那么道教的“运”又是什么？

巫术的合法化和正规化。

我们知道，巫术是一种原始文化，因此在进入文明时代以后就要变身。比方说，在希腊变成科学，在印度变成宗教，在中国变成礼乐，在全世界变成艺术。

变成礼乐以后，巫术就不再是巫术。正宗的儒家是不讲巫术的，也不喜欢怪力乱神。唯其如此，图谶，包括后来的佛教，便一直遭到正统儒家的抵制。儒家讲的是王道，而王道不需要装神弄鬼，也与方术无涉。

可惜，巫术在中国有着深厚的基础，也有适合其生长的气候和土壤，尤其在民间。因此，它只会被底层化和边缘化，不可能彻底消亡。

更何况，巫术还有它的合理性。

事实上，正如欧洲的中世纪并非一团漆黑，包括方术和谶纬在内的巫术也并非一无是处。汉代纬书中，就不乏天文学、地理学、数学和哲学的知识。与巫术息息相关的中医学，更不乏人体学和医药学的内容。[28]

其实两汉的科学技术非常发达。张衡的候风仪和地动仪，扬雄的《太玄经》（数学），张仲景的《伤寒论》（医药学），王充《论衡》中的某些部分，都是重要的科研成果。

◎地动仪

西汉张衡于132年造此装置，以精铜制成，周径八尺，合盖隆起，形似酒樽。比西方此类仪器的出现早约一千七百年。是世界上地震仪之鼻祖。该装置准确测知了138年发生在河西走廊的陇西地震。

◎汉代日晷

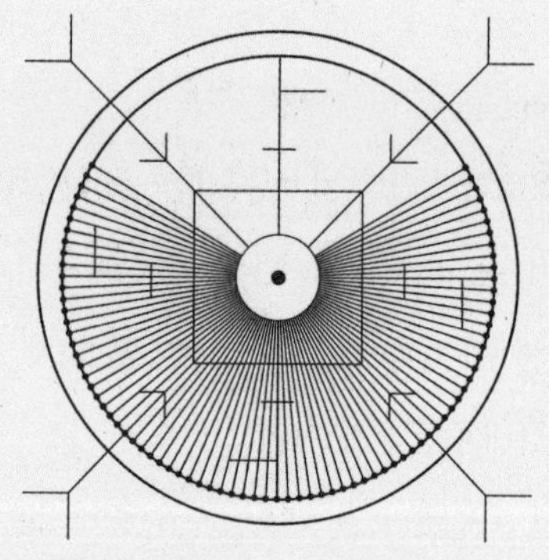

1897年内蒙古自治区托克托出土。边长27.4厘米、厚3.5厘米。晷面中央有一直径1厘米的圆孔，内圆与外圆之间刻有69条辐射线。

就连被斥为妖妄荒唐的纬书，也发现了日蚀的科学原理（日光沉淹，皆月所掩），以及为什么地球在运动人却以为地不动。他们的说法是：这就像在大船上闭窗而坐，是不可能感觉船在行走的。[29]

这并不奇怪。汉，毕竟是大帝国和大文明，有一种开阔的胸襟、豪雄的气势和远大的目光，可以纵横万里，包揽天地。汉人也信心满满，自认为有资格有能力勘破宇宙的秘密，对之前的文明做出总结性的发言。

天人合一，阴阳五行，就是这种远大目标的产物。换句话说，汉人是要彻底弄清楚自然与社会、历史与现实的关系，并为之构建一个科学模式或数学模型。

可惜，中华文明的科学基础实在薄弱，能借助的力量只有巫术。这就不能再让巫术底层化和边缘化。但，巫术如果不能变成科学，就只能变成别的。那么，它在汉代又怎样实现自己的合法化和正规化呢?

上层将巫术政治化，下层将巫术宗教化。

政治化的巫术就是图谶，就是纬书。也就是说，巫术政治化的前提，是儒学的巫术化。儒学巫术化了，巫术才能儒学化，也才能合法化和正规化。但，两汉儒学是为政治服务的。所以，两汉巫术也必然政治化。

结果是什么呢?

政治巫术化，比如王莽，比如刘秀。

与此同时，巫术也在宗教化，宗教化的巫术就是道教。道教的宗教外衣是从佛教那里借来的。结果又是什么呢？是佛教的道教化。后世一般信众心目中的佛教，其实是被巫术化和道教化了的，只有禅宗是个例外。

显然，政治巫术化，佛教道教化，都因为巫术没能科学化。这才是值得思考的问题。

然而历史没给我们留下思考讨论的时间。董卓，一个野蛮、强悍而又狡猾的西北军阀，像公牛闯进瓷器店一样闯进了洛阳。所有的坛坛罐罐都被打碎了，接下来是三百多年的分裂和混乱。一直要到隋唐以后，我们民族才能静下心来，重新建立起自己的理念和价值观。

但这绝不意味着三国、魏晋和南北朝是一塌糊涂和没有意义的。恰恰相反，正是由于这三个半世纪的积累和准备，中华民族才发展壮大起来，中华文明也才再次成为影响深远的世界性文明。

那就让我们一一道来。

本卷终

请关注下卷《三国纪》

后记

为什么是罗马

公元前后的五六十年，对于中国和世界恐怕都是颇为重要的。公元前27年，屋大维建立了元首制。公元25年，刘秀开始了新王朝。从此，大汉变成了两个：西汉，东汉。罗马也是两个：共和国，帝国。

两汉两罗马，即此之谓。

此后，而且相差不到一百年，中国和罗马都陷入分裂状态。罗马变成东西两个帝国，中国则是南朝和北朝。南北朝之后的中国重归一统，罗马却走上不归之路。

如此镜像，令人着迷。

罗马跟中国确实很像，比如多神崇拜，信仰自由，甚至没有信仰。中国的皇天上帝虽然掌握了天命和革命的终审权，平时却并不直接插手人间事务。罗马的诸神更是保护者而非裁判员。人的是非，神是不管的。

也就是说，中华和罗马都是“人本”而非“神本”。唯其如此，他们才会一个发明了礼治，一个发明了法治。法治也好，礼治也罢，都是“人的自治”，没有上帝同行。

所以，罗马人跟中国人一样，家族观念强，重视亲情伦理，相信君子协定，认为无信义即无人伦。或者说，他们其实也有类似于“五常”的观念。

这一点，在恺撒被刺事件中表现得十分明显。

前面说过，布鲁图等人刺杀恺撒，是为了阻止帝制、保卫共和。这在今天看来无疑是正义的，但在当时却弄得人人喊打。倒不是共和制度不得人心，更不是变成帝国乃人心所向。他们成为过街老鼠，仅仅因为犯了众怒。

为什么会犯众怒呢？

盐野七生《罗马人的故事》指出了两点。

第一，元老院全体议员曾集体宣誓，誓死保卫恺撒的人身安全。这种誓言在罗马属于最高等级：无须人质也无须担保，却具有公共效力。因为宣誓人都是公众人物，从来就视名誉如生命，不会也不敢背叛誓言。

第二，恺撒在罗马被尊为国父，有着父亲般的神圣光环，遗嘱中又交待要将遗产分赠罗马公民。因此，对于罗马人来说，布鲁图等宣过誓的人刺杀恺撒，就不但是背信弃义，而且是弑父弑君，是可忍孰不可忍！

难怪愤怒的民众会把共和国的保卫者称为“弑父者”，一个个恨不得亮出复仇之剑。这种情感，中国人不难理解。《后汉书》说罗马“有类中国”，看来也有道理。

中国与罗马，确实具有可比性。

不过，我决定写这本《两汉两罗马》，却并非仅仅因为有这么多看起来的相似和巧合，更因为只有汉代的中国人和古代的罗马人，才第一次创造了世界性文明。

这是人类文明史上的亮点。

毫无疑问，文明从来就是相互影响的。埃及和西亚文明影响了希腊，希腊又影响了罗马，也影响了北非、西亚和中亚。然而在希腊化时代，希腊本土是衰落的。文明的中心不在雅典，而在埃及的亚历山大里亚。

印度也一样。最能代表印度文明特色的种姓制度和婆罗门教，影响力不出南亚次大陆。产生于恒河流域的佛教虽然传播到了全世界，但在自己的文明圈内却谦虚地退居二线，实际作用远不如在异国他乡。

两汉两罗马就大不一样。

罗马与汉，都是在自己的鼎盛时期走向世界的。两国都有强大的中央政权，治理着几乎同样大的疆域、同样多的人民，也都依靠铁马金戈开疆辟土，并推行民族同化的政策，以此建立起世界性的文明圈。

留下的遗产同样丰富。

汉的贡献是为中华帝国奠定了基础。帝国制度虽然是秦始皇创立的，却有着严重缺陷和致命弱点。正是由于汉武帝及其继承人的努力，这些问题才得到了解决，中华也才成为世界上最典型和最稳定的帝国。

两汉，是帝国制度的样板。

罗马则为现代国家提供了原型。实际上正如本书第三章所述，罗马的政体设计确实精巧而高明：执政官、元老院和人民大会，分别对应着君主制、贵族制（或寡头制）和民主制，可谓集三种制度的优越性于一身。

当然，罗马并非没有问题。他们的问题是：一人一票的直接民主只适用于小国寡民的城邦国家，变成超级大国以后就再难实行。此外，元老院的精英性质和奉献精神没有制度保障，执政者从任期一年的执政官变成终身制的皇帝，则是从一个极端走向了另一个极端。

因此，只要把人民民主由直选制改为代议制，给执政者（无论他叫总统还是国家主席）一个合适的任期，再解决元老院的组成问题，几乎就是最不坏的政体。

更重要的是，罗马的共和精神和法治观念，恰恰是现代文明最需要的。事实上，只要坚持共和，坚持法治，则无论人民民主，抑或君主立宪，都是现代文明。

这就是罗马的贡献。

更何况，他们还贡献了基督教，尽管基督教其实是罗马帝国和罗马文明的掘墓人。

这样看，中华文明就有了别样的意义。

中华文明的意义在于：一个如此幅员辽阔、人口众多的多民族国家，没有宗教信仰，也不靠血腥和暴力，却能长时间维持统一，或在四分五裂和外族入侵后重建家园，维系文明数千年不中断，这里面难道没有原因?

同样，中华文明虽未中断，却在衰减，并逐渐失去世界性。相反，罗马文明却浴火重生，在文艺复兴之后成为西方现代文明的源头之一。这里面难道没有奥秘?

当然有。

只不过，弄清楚这奥秘，需要全球视野。

这就是我为什么要写本书的原因，也就是本书为什么要从世界、历史、制度、信仰和理念五个方面展开讨论的原因。现在期待的，是诸位的批评。

注释

总注

本卷所引史实和部分观点均请参看司马迁《史记》，班固《汉书》，范晔《后汉书》，田昌五、安作璋《秦汉史》，崔连仲主编《世界通史·古代卷》，斯塔夫里阿诺斯《全球通史》，亚历克斯·沃尔夫《世界简史》，韦尔斯《世界史纲》，美国时代生活出版公司《全球通史》，特奥多尔·蒙森《罗马史》，菲利普·内莫《罗马法与帝国的遗产》，盐野七生《罗马人的故事》。

第一章

1 见《后汉书·西域传》。

2 见《资治通鉴》卷四十八。

3 请参看樊树志《国史十六讲》。

4 见《史记·大宛列传》、《汉书·张骞传》。

5 见《史记·大宛列传》。

6 这个数字诸家说法不一，请参看崔连仲主编《世界通史·古代卷》、美国时代生活出版公司《全球通史》。

7 历史学家一般都把公元前 492 年波斯入侵希腊看作希波战争的开始，但马拉松战役却更具有历史意义。

第二章

1 见《史记 · 高祖本纪》。

2 罗马帝国的这个黄金时代是公元 96 年到 192 年，正值中国东汉的和帝到献帝期间。

3 此后一百年，罗马帝国危机爆发，农业衰落，市场萧条，政治混乱，外族入侵，史称“3 世纪危机”。

第三章

1 王莽事迹均请参看《汉书 · 王莽传》。

2 公元前 367 年，平民可任执政官。公元前 356 年，平民可任独裁官。公元前 351 年，平民可任监察官。公元前 337 年，平民可任大法官。公元前 296 年，罗马征服中部意大利。公元前 275 年，罗马征服南部意大利。公元前 241 年，罗马打败迦太基，西西里设为罗马行省。到公元前 130 年，罗马共和国已经拥有九个海外行省。到恺撒时代，则为十八行省。

3 罗马人法治观念的源头，也许可以追溯到西亚。有一块出土的泥板上，就用苏美尔文记载了大约在公元前 1890 年的法律判决。此后，则有乌尔第三王朝的《乌尔纳木法典》和古巴比伦的《汉谟拉比法典》。

第四章

1 请参看卡西尔《人论》。

2 罗马的神官和祭司都由人民大会选举产生，请参看盐野七生《罗马人的故事》第一册。

3 见《景德传灯录》卷一引《普曜经》。

4 见《圣经·新约》。

5 狄奥多西忏悔的年份，据美国时代生活公司《全球通史》；基督教被定为国教的年份，据《中国大百科全书》宗教卷《宗教大事年表》。

6 以上论述请参看盐野七生《罗马人的故事》。

第五章

1 三纲的思想其实始出于法家，最早见于《韩非子·忠孝篇》：“臣事君，子事父，妻事夫，三者顺则天下治，三者逆则天下乱。此天下之常道也。”后来董仲舒的《春秋繁露》

提出“君臣、父子、夫妇之义”为“王道之三纲，可求于天”，他的《举贤良对策一》则提出仁义礼智信的五常概念。东汉的《白虎通》进一步明确了三纲的内容，即君为臣纲，父为子纲，夫为妻纲，并表述为三纲六纪。从宋代朱熹开始，三纲五常联用。

2 见《孟子·告子上》。

3 董仲舒事迹均见《汉书·董仲舒传》。

4 董仲舒“天人三策”之三称：“天者，群物之祖也。”

5 请参看《春秋繁露·五行之义》。

6 见《春秋繁露·为人者天》。

7 见《春秋繁露·阴阳义》。

8 请参看《春秋繁露·人副天数》及其他。

9 见董仲舒“天人三策”之一。

10 三纲是社会伦理，五常是个人品德，系采用冯友兰的说法，请参看冯友兰《中国哲学简史》。

11 见《春秋繁露·基义》。

12 见《白虎通》卷八。

13 天启道德系采用韦政通的说法，请参看韦政通《中国思想史》。儒学有如神学，儒生有如神父，孔子有如教主，系参考田昌五、安作璋的说法，请参看田昌五、安作璋《秦汉史》。

14 见《易传·系辞上》。

15 见《史记·孔子世家》及何休注。

16 见《礼记正义》引郑玄说。

17 这一观点请参看吕思勉《秦汉史》。

18 见《后汉书·郑兴传》。

19 见《后汉书·儒林列传》。

20 吕思勉《秦汉史》中说：谶文妖妄，岂有以中兴之主而真信之理?

21 见《后汉书》之《梁冀传》和《李固传》。

22 见《后汉书·逸民列传》。

23 见《后汉书·党锢列传》。

24 见《后汉书·皇甫嵩传》。

25 这个解释请参看田昌五、安作璋《秦汉史》。

26 见《后汉书·襄楷传》。

27 关于道教的起源和演变过程，请参看范文澜《中国通史》、葛兆光《中国思想史》。

28 其实葛兆光先生的《中国思想史》即已指出这一点，请参看。

29 见《春秋纬·感精符》和《尚书纬·考灵曜》。

本卷大事年表

公元前 3500 年，人类最早的文明出现在埃及和西亚。

公元前 3100 年，纳尔迈（美尼斯）建立埃及第一王朝。

公元前 3100 年—前 2700 年，克里特文明诞生。

公元前 2500 年，哈拉巴（印度河）文明诞生。

公元前 1700 年，有证据证明的夏文明诞生。

公元前 1200 年，奥尔梅克文明诞生。

公元前 1046 年，武王伐纣。

公元前 969—前 936 年，腓尼基推罗国王希拉姆一世。

公元前 960—前 930 年，以色列—犹太国王所罗门。

公元前 841 年，西周共和。

公元前 770 年，平王东迁。

公元前 753 年，罗马建城。

公元前 722 年，春秋开始。

公元前 721 年，亚述国王萨尔贡二世灭以色列王国。

公元前 671 年，亚述征服埃及。

公元前 639 年，亚述巴尼拔攻陷埃兰首都苏撒，亚述帝国的版图面积空前绝后。

公元前612年，迦勒底和米底王国的联军攻破亚述首都尼尼微。

公元前605年，尼布甲尼撒继承王位，亚述帝国灭亡。

公元前594年，鲁国初税亩，雅典梭伦改革。

公元前586年，新巴比伦王国国王尼布甲尼撒摧毁耶路撒冷，灭犹太王国，犹太教在“巴比伦之囚”中形成。

公元前569年，释迦牟尼诞生。

公元前558年，居鲁士建立波斯王国，几十年后建立起波斯帝国。

公元前551年，孔子诞生。

公元前550年，居鲁士征服米底，建立波斯帝国。

公元前546年，居鲁士灭吕底亚。

公元前538年，居鲁士灭新巴比伦王国，犹太复国。

公元前525年，波斯征服埃及。

公元前518年，波斯入侵印度。

公元前509年，罗马共和国诞生。

公元前499—前449年，希腊波斯战争。

公元前494年，罗马平民第一次撤离运动。

公元前469年，苏格拉底诞生。

公元前468年，墨子诞生。

公元前 450 年，罗马《十二铜表法》公布。

公元前 445 年，魏国李悝变法。

公元前 480—前 404 年，雅典伯里克利时代。

公元前 431—前 404 年，伯罗奔尼撒战争。

公元前 427 年，柏拉图诞生。

公元前 403 年，战国开始。

公元前 384 年，亚里士多德诞生。

公元前 372 年，孟子诞生。

公元前 369 年，庄子诞生。

公元前 367 年，《李锡尼—塞克斯图法》获得通过，罗马平民可任执政官。

公元前 356 年，罗马平民可任独裁官。

公元前 351 年，罗马平民可任监察官。

公元前 338 年，马其顿征服希腊。

公元前 337 年，罗马平民可任大法官。

公元前 356 年，商鞅变法。

公元前 332 年，马其顿国王亚历山大征服埃及。

公元前 330 年，波斯帝国灭亡。

公元前 327 年，亚历山大入侵印度。

公元前 324 年，印度建立孔雀王朝。

公元前 323 年，亚历山大卒，马其顿帝国分裂。

公元前 296 年，罗马征服中部意大利。

公元前 275 年，罗马征服南部意大利。

公元前 273—前 236 年，印度阿育王时代，以佛教为国教。

公元前 247 年，安息建国。

公元前 241 年，第一次布匿战争，迦太基败于罗马，西西里设为罗马行省，为罗马在海外建立行省之始。

公元前 239 年，萨丁尼亚及科西嘉被设为罗马行省。

公元前 225 年，罗马击败高卢（今法国）。

公元前 221 年，秦灭六国。

公元前 218—前 201 年，第二次布匿战争，迦太基再败。

公元前 202 年，刘邦称帝。

公元前 149—前 146 年，第三次布匿战争，迦太基灭亡，被罗马设为阿非利加行省。

公元前 148 年，马其顿成为罗马行省。

公元前 146 年，罗马征服希腊，设阿卡亚行省。

公元前 141 年，汉武帝登基。

公元前 138 年，张骞第一次出使西域。

公元前 130 年前后，罗马共有九个行省：西西里、萨丁尼亚及科西嘉、山南高卢、西班牙、阿非利加、伊利里亚、马其顿、阿卡亚、亚细亚。

公元前 126 年，张骞乘匈奴内乱逃回中国。

公元前 82 年，苏拉被宣布为罗马的终身独裁官。

公元前 48 年，恺撒担任五年任期执政官、终身保民官。

公元前 45 年，恺撒任终身独裁官。

公元前 44 年，恺撒被刺。

公元前 33 年，昭君出塞。

公元前 27 年，屋大维建立元首制，罗马共和国告终。

公元前 1 年，汉平帝继位，王太后临朝，王莽任大司马。

公元 8 年，王莽称帝，西汉终。

公元 25 年，刘秀称帝，东汉开始。

公元 30 年，耶稣被钉死在十字架上。

公元 43 年，罗马征服不列颠。

公元 56 年，东汉光武帝封禅泰山，建明堂、灵台、辟雍，宣布图谶于天下，谶纬之学成为官方统治思想。

公元 57 年，光武帝卒，享年六十二岁。子刘庄继位，年三十岁，是为汉明帝。

公元 65 年，中国人崇佛之始。

公元 68 年，汉明帝于洛阳首建佛寺。

公元 73 年，窦固遣班超使西域。

公元 75 年，汉明帝卒，享年四十八岁。子刘炟继位，年十九岁，是为汉章帝。

公元 79 年，白虎观会议。

公元 88 年，汉章帝卒，享年三十三岁。子刘肇继位，是为汉和帝。和帝年十岁，窦太后临朝，其兄窦宪专政。

公元 92 年，十四岁的汉和帝联合宦官消灭窦氏，中国宦官参与政治从此开始。

公元 97 年，班超遣甘英出使大秦（罗马）、条支（今伊拉克），至安息（今伊朗）西界而还。

公元 105 年，汉和帝卒，享年二十七岁。子刘隆继位，是为汉殇帝。殇帝年仅百日，邓太后临朝。

公元 106 年，汉殇帝卒，享年二岁。侄刘祜继位，是为汉安帝，年十三岁。

公元 121 年，邓太后卒，安帝灭邓氏，皇后弟阎显用事。

公元 125 年，汉安帝卒，享年三十二岁。宦官迎立济阴王刘保继位，是为汉顺帝，年十一岁。杀阎显。

公元 144 年，汉顺帝卒，享年三十岁。子刘炳继位，是为汉冲帝。汉冲帝年二岁，梁太后临朝，其弟梁冀用事。

公元 145 年，汉冲帝卒，享年三岁。梁冀迎立宗室刘缵继位，是为汉质帝，年八岁。

公元 146 年，汉质帝被梁冀毒死，享年九岁。梁冀迎立宗室刘志继位，是为汉桓帝，年十五岁。

公元 159 年，汉桓帝联合宦官灭梁氏。

公元 166 年，罗马使团到洛阳。第一次党锢之祸。

公元167年，汉桓帝卒，享年三十六岁。窦太后命窦武迎立宗室刘宏继位，是为汉灵帝，年十二岁。

公元168年，汉灵帝与宦官曹节等共灭窦武，窦武兵败自杀，并被斩首示众。

公元169年，第二次党锢之祸。

公元184年，黄巾军起义。

公元189年，汉灵帝卒，享年三十四岁。

公元220年，曹丕称帝，东汉亡。

公元226年，安息亡于伊朗萨珊王朝。

公元280年，吴亡，晋一统天下。

公元284—305年，罗马皇帝戴克里先在位。

公元313年，君士坦丁和李锡尼联名发布《米兰敕令》，基督教在罗马取得合法地位。

公元316年，西晋亡，次年东晋始，中国经济文化中心从此南移。

公元320年，印度笈多王朝开始。

公元330年（东晋咸和四年），罗马帝国迁都拜占庭，改其名为君士坦丁堡。

公元372年，匈奴人渡过伏尔加河，迅速击败东哥特人，接着胁迫西哥特人渡过多瑙河。

公元386年，北魏建立，北朝开始。

公元392年，基督教成为罗马帝国的国教。

公元395年，罗马帝国分裂。

公元420年，东晋亡，南朝开始。

公元476年，西罗马帝国亡。

公元529—534年，拜占庭编修《民法大全》。

公元581年，杨坚称帝，都长安，隋始。

公元618年，李渊称帝，隋亡，唐始。

公元622年，创立了伊斯兰教的穆罕默德，在麦地那建立政教合一的神权国家，伊斯兰文明开始。

公元1453年，东罗马帝国被奥斯曼土耳其人灭亡。

人物小传

张骞

张骞（约前 164—前 114），字子文，汉中郡成固（今陕西省城固县博望镇）人，探险家、旅行家与外交家。开拓汉朝通往西域的南北道路，并从西域诸国引进了汗血马、葡萄、苜蓿、石榴、胡麻、芝麻与鸵鸟蛋等等。曾经奉命出使西域，为丝绸之路的开辟奠定了基础。

亚述巴尼拔

亚述巴尼拔（前 668—前 631），亚述帝国最后一个也是最强大的王朝——萨尔贡王朝四王之一，率军远征埃及，直捣底比斯城，大肆抢掠并毁灭了这座城市。公元前 639 年，攻陷埃兰首都苏撒，平定埃兰全境。至此，亚述帝国达到最大的版图。拥有西亚全境并暂时占领埃及，东临伊朗高原，西抵地中海滨，北达高加索，南接尼罗河，这是世界古代史上空前的大帝国。

亚述巴尼拔死后不久，米底人和迦勒底人联合进攻亚述，帝国急剧衰落。迦勒底人乘机建立巴比伦第六王朝，恢复独立，并联合米底人于公元前614年攻克亚述古都亚述，公元前612年夺取亚述新都尼尼微，亚述帝国就此灭亡，亚述被并入了新巴比伦王国的版图。

尼布甲尼撒

尼布甲尼撒二世（约前630—前562），是位于巴比伦的迦勒底帝国最伟大的君主，曾征服犹太国和耶路撒冷，并在他的首都巴比伦建成著名的空中花园。用巴比伦的语言解释他的名字，意思就是"皇冠的保护和继承者尼布"或"保卫边疆者尼布"。

居鲁士

居鲁士大帝（约前600或前576—前530），是古代波斯帝国的缔造者。他所创建的国家疆域辽阔，从爱琴海到印度河，从尼罗河到高加索。人类历史上皇帝千千万，但能称大帝的却寥寥无几，而居鲁士就是其中之一。古波斯帝国百余年的辉煌都和这个名字有关。在铭文中，他骄傲地说："我，居鲁士，世界之王，伟大的王。"

大流士

大流士一世（约前522—前486），波斯帝国君主。出身于阿契美尼德家族支系。大流士随冈比西斯二世出征埃及，被任命为万人不死军的总指挥。大流士不仅是波斯帝国的伟大君主，也是世界历史上的著名政治家之一。

亚历山大

亚历山大大帝（前356—前323），古代马其顿国王，亚历山大帝国皇帝，世界古代史上著名的军事家和政治家。他足智多谋，在担任马其顿国王的短短十三年中，以其雄才大略，东征西讨，先是确立了在全希腊的统治地位，后又灭亡了波斯帝国。在横跨欧亚的辽阔土地上，建立起了一个西起希腊，南括埃及,北抵中亚,东至印度河流域,跟波斯帝国一样横跨欧、亚、非的庞大帝国。创下了前无古人的辉煌业绩，促进了东西方文化的交流和经济的发展，对人类社会的进展产生了重大的影响。

鲁基乌斯·尤尼乌斯·布鲁图

鲁基乌斯·尤尼乌斯·布鲁图是罗马共和国第一任执政官，公元前509年开始执政。作为罗马共和国的主要缔造者，他在古罗马史上占有重要地位，是同罗慕路斯和屋大维相比肩的巨人。

瓦莱里乌斯

普布利乌斯·瓦莱里乌斯·波普利科拉，与布鲁图一起驱逐了暴君塔克文。在科拉提努斯放弃执政官之位后，瓦莱里乌斯成了布鲁图的同僚,并成为罗马共和国第一位的补任执政官。

后来布鲁图在与埃特鲁里亚军队作战中不幸战死，瓦莱里乌斯成为罗马唯一的统治者，他进行了一系列立法，消除了人们对他独裁的怀疑，还博得了人民对他的完全信任，人民称他为“波普利科拉”，意为“亲民者”。瓦莱里乌斯一生清贫，死后无力负担丧礼费用，结果由公共资金举行公葬，并且把他的墓地建在城内，这块墓地也成为他的家庭墓地。

盖约·朱里亚·恺撒

又译盖乌斯·尤利乌斯·恺撒、盖乌斯·朱利叶斯·恺撒、朱利亚斯·恺撒（前100年7月13日—前44年3月15日），即恺撒大帝，罗马共和国末期杰出的军事统帅、政治家，儒略家族成员。

恺撒出身贵族，历任财务官、大祭司、大法官、执政官、监察官、独裁官等职。公元前60年与庞培、克拉苏秘密结成前三头同盟，随后出任高卢总督，用了八年时间征服高卢全境（现在的法国），亦袭击了日耳曼和不列颠。公元前49年，他率军占领罗马，打败庞培，集大权于一身，实行独裁统治，制定了“儒略历”。

公元前44年，恺撒遭以布鲁图所领导的元老院成员暗杀身亡。恺撒身后，其甥孙及养子屋大维击败安东尼，开创罗马帝国，并且成为第一位帝国皇帝。恺撒也是扑克牌里的方块K人物。

屋大维

奥古斯都屋大维（前63年9月23日—14年8月19日），原名盖乌斯·屋大维·图里努斯，是罗马帝国的开国君主，统治罗马长达四十三年。公元14年8月，在他去世后，罗马元老院决定将他列入神的行列，并且将8月称为“奥古斯都月”，这也是欧洲语言中8月的来源。

屋大维是恺撒大帝的甥孙和养子，亦被正式指定为恺撒的继承人。公元前43年，他与马克·安东尼、雷必达结成后三头同盟，打败了刺杀恺撒的共和派贵族（元老院）。公元前36年，他剥夺雷必达的军权，后在阿克图海战中打败安东尼，消灭了古埃及的托勒密王朝，回罗马后开始掌握一切国家大权。公元前30年，被确认为“终身保民官”。公元前29年，获得“大元帅”称号。公元前27年，获得“奥古斯都”（神圣、至尊的意思）称号，建立起专制的元首政治，开创了罗马帝国。

一般认为屋大维是最伟大的罗马皇帝之一。虽然他保持了罗马共和的表面形式，但是却作为一位独裁者，统治罗马长达四十年之久。他结束了一个世纪的内战，使罗马帝国进入了相当长一段和平、繁荣的辉煌时期。历史学家通常以他的头衔“奥古斯都”（“尊崇”的意思）来称呼他。

安东尼

马克·安东尼（约前83年1月14日—前30年8月1日）是一位古罗马政治家和军事家。他是恺撒最重要的军队指挥官和管理人员之一。恺撒被刺后，他与屋大维和雷必达一起组成了后三头同盟。公元前33年，后三头同盟分裂。公元前30年，马克·安东尼与埃及女王克娄巴特拉七世先后自杀身亡。

西塞罗

马库斯·图利乌斯·西塞罗（前106年1月3日—前43年12月7日），是罗马共和国晚期的哲学家、政治家、律师、作家、雄辩家。他出生于一个骑士阶级的富裕家庭，青年时投身法律和政治，其后曾担任罗马共和国的执政官；同时，因为其演说和文学作品，他被广泛地认为是古罗马最好的演说家和最好的散文作家之一。

在罗马共和国晚期的政治危机中，他是共和国所代表的自由主义的忠诚辩护者，和安东尼是政敌。他支持古罗马的宪制，因此也被认为是三权分立学说的古代先驱。西塞罗深远地影响了欧洲的哲学和政治学说，并且至今仍是罗马历史的研究对象。

戴克里先

戴克里先(250—312),原名为狄奥克莱斯,罗马帝国皇帝,于公元284年11月20日至305年5月1日在位。其结束罗马帝国的“3世纪危机”(235—284),建立四帝共治制,使其成为罗马帝国后期的主要政体。其改革使罗马帝国对各境内地区的统治得以存续,最起码在东部地区持续了数个世纪。

君士坦丁

君士坦丁一世,全名为弗拉维·瓦莱里乌斯·奥勒里乌斯·君士坦丁(272年2月27日—337年5月22日),罗马帝国皇帝,公元306年至337年在位。他是第一位皈依基督教的罗马皇帝,公元313年与李锡尼共同颁布《米兰敕令》,承认在帝国内部有信仰基督教的自由。

君士坦丁在内战中击败马克森提乌斯和李锡尼,巩固了皇位。在其统治时期,他还成功发动对法兰克人、阿拉曼人、西哥特人和萨尔马提亚人的战役,并成功夺回在前一个世纪丧失的达基亚地区。他在拜占庭建立新皇宫,并将之命名为新罗马,但人们为尊君士坦丁之名,将此地称作君士坦丁堡。

君士坦丁堡在此后一千年内成为拜占庭帝国的首都,因此君士坦丁也被认为是拜占庭帝国的创立者。

王莽

王莽（前45—23），字巨君。公元8年12月，王莽代汉建新，建元“始建国”，宣布推行新政，史称“王莽改制”。王莽统治的末期，天下大乱。新莽地皇四年，更始军攻入长安，王莽死于乱军之中。王莽共在位十六年，卒年六十九岁，而新朝也成为中国历史上最短命的朝代之一。

马尔库斯·尤尼乌斯·布鲁图

马尔库斯·尤尼乌斯·布鲁图（前85—前42），罗马共和国晚期的一名元老院议员，后来组织并参与了对恺撒的谋杀。传说恺撒临死前说：“还有你，布鲁图？”而布鲁图向罗马群众说明行刺的动机，留下一句名言：“我爱恺撒，但我更爱罗马。”

狄奥多西

狄奥多西一世（347年—395年1月17日）又译为狄奥西亚一世或杜多思一世，亦作狄奥多西大帝，是罗马帝国皇帝（379—395），公元392年起统治整个罗马帝国。他是最后一位统治统一的罗马帝国的君主。公元393年宣布基督教为国教，反对一切异教和异端。在米兰去世，临死前把帝国分给两子，罗马帝国分裂。

董仲舒

董仲舒（前179—前104），河北人。西汉思想家、哲学家、政治家、教育家。公元前134年，汉武帝下诏征求治国方略。董仲舒在《举贤良对策》中系统地提出了“天人感应”、“大一统”学说和“罢黜百家，表彰六经”的主张。董仲舒认为，“道之大原出于天”，自然、人事都受制于天命，因此反映天命的政治秩序和政治思想都应该是统一的。董仲舒的儒家思想维护了汉武帝的集权统治，为当时社会政治和经济的稳定做出了一时的贡献。

刘秀

刘秀（前5—57），东汉王朝开国皇帝，庙号“世祖”，谥号“光武皇帝”，中国历史上著名的政治家、军事家。新莽末年，海内分崩，天下大乱，身为一介布衣却有前朝血统的刘秀在家乡乘势起兵。公元25年，刘秀与更始政权公开决裂，于河北鄗南千秋亭登基称帝，为表刘氏重兴之意，仍以“汉”为其国号，史称“东汉”。

你对历史的真相到底了解多少?

扫码参与测试,易中天公众号独家认证你的历史段位!

关注“易中天”微信公众号,

看易中天评古论今,让思想文化更适合当代人。

易中天中华史:两汉两罗马

产品经理｜殷梦奇

学术顾问｜陈　勤

法律顾问｜黄荣楠

出版统筹｜吴　畏

装帧设计｜Mirro

内文设计｜谈　天

后期制作｜白咏明

特约印制｜梁拥军

插图绘制｜方佳翮

何　姝

高文婧

谈　天

徐婧儒

策 划 人｜路金波

易中天中华史

第一部［先秦］01——06卷

01 祖先　02 国家　03 奠基者　04 青春志　05 从春秋到战国　06 百家争鸣

第二部［秦汉魏晋南北朝］07——12卷

07 秦并天下　08 汉武的帝国　09 两汉两罗马　10 三国纪　11 魏晋风度　12 南朝，北朝

第三部［隋唐］13——16卷

13 隋唐定局　14 禅宗兴起　15 女皇武则天　16 安史之乱

第四部［宋元］17——20卷

17 大宋革新　18 王安石变法　19 风流南宋　20 铁血蒙元

第五部［明清］21——24卷

21 朱明王朝　22 严嵩与张居正　23 大航海时代　____ 待续

图书在版编目（CIP）数据

两汉两罗马 / 易中天著. -- 杭州 : 浙江文艺出版社，2016.3（2021.9 重印）
（易中天中华史）
ISBN 978-7-5339-4395-0

Ⅰ. ①两… Ⅱ. ①易… Ⅲ. ①中国历史－研究－汉代 ②罗马帝国－历史－研究 Ⅳ. ① K234.07 ② K126

中国版本图书馆 CIP 数据核字（2015）第 308103 号

易中天中华史
两汉两罗马
易中天 著

责任编辑 金荣良
装帧设计 朱镜霖
插　　画 方佳翮 何 姝 高文婧 谈 天 徐婧儒

出版发行 浙江文艺出版社
地　　址 杭州市体育场路 347 号　邮编 310006
网　　址 www.zjwycbs.cn
经　　销 浙江省新华书店集团有限公司
　　　　 果麦文化传媒股份有限公司
印　　刷 河北鹏润印刷有限公司
开　　本 890 毫米 ×1280 毫米　1/32
字　　数 118 千字
印　　张 6.75
印　　数 281,801-284,800
版　　次 2016 年 3 月第 1 版　2021 年 9 月第 33 次印刷
书　　号 ISBN 978-7-5339-4395-0
定　　价 42.00 元